◆ 供给侧结构性改革丛书

白津夫◎主编

农业供给侧与经济增长

孙中才◎著

知识产权出版社
全国百佳图书出版单位

图书在版编目（CIP）数据

农业供给侧与经济增长/孙中才著. —北京：知识产权出版社，2018.7
（供给侧结构性改革丛书/白津夫主编）
ISBN 978-7-5130-5618-2

Ⅰ.①农… Ⅱ.①孙… Ⅲ.①农业改革—研究—中国
Ⅳ.①F320.2

中国版本图书馆 CIP 数据核字（2018）第 124980 号

内容提要

本书从现代经济学的最新范式——*G* 函数出发，对现代经济中的农业供给侧与整体经济增长的基本关系，进行了多方位的考察和分析。考察和分析的焦点是农业供给侧的两个基本成分：自由市场和科技进步；涉及的范围是国内与国际两个市场。最新范式提供的简洁和便利，导致这种考察和分析取得了逻辑严谨、认识深刻和结论精确的数理研究结果。它们为后续的科学研究提供了准确的测度计量基础，也为有关的统计技术和实际验证，指明了方向。

策划编辑：蔡 虹　　**责任编辑**：李 瑾 赵 军　　**责任印制**：孙婷婷

农业供给侧与经济增长

孙中才 著

出版发行：	知识产权出版社有限责任公司	**网　　址**：	http://www.ipph.cn
社　　址：	北京市海淀区气象路 50 号院	**邮　　编**：	100081
责编电话：	010-82000860 转 8392	**责编邮箱**：	lijin.cn@163.com
发行电话：	010-82000860 转 8101/8102	**发行传真**：	010-82000893/82005070/82000270
印　　刷：	北京虎彩文化传播有限公司	**经　　销**：	各大网上书店、新华书店及相关专业书店
开　　本：	787mm×1092mm 1/16	**印　　张**：	11.25
版　　次：	2018 年 7 月第 1 版	**印　　次**：	2018 年 7 月第 1 次印刷
字　　数：	180 千字	**定　　价**：	56.00 元

ISBN 978-7-5130-5618-2

目　录

第1章　现代经济学的最新范式

1.1　引　言

对于一个常规科学学科来说，它的发展不是由对象来决定的，而是由其自身的理论范式（Paradigm）的进步来决定的。科学活动的事实表明，范式是学科的灵魂，是专业研究的标志，是具体研究的出发点和专业研究水平的标尺。科学研究是规范的研究，范式是规范的基础；科学是一维发展的。追随范式，进入前沿，已经成为科学研究的起码追求。

经过200多年的努力，经济学已经发展出一个系统的科学理论知识体系，被称为唯一确立了范式的社会科学学科[1]。在20世纪里，经济学取得了又一次新的理论综合，将核心范式发展到了有约束的利润函数（Restricted profit function），即G函数[2]。它的一般表达式是：

$$G = \pi(\boldsymbol{p};\boldsymbol{v}) \tag{1.1}$$

式中，π——利润；

$\boldsymbol{p}$——价格向量，$\boldsymbol{p}=[p_1, p_2, \cdots, p_I]$

$\boldsymbol{v}$——约束条件向量，$\boldsymbol{v}=[v_1, v_2, \cdots, v_J]$，$I \leqslant J$。

这个表达式也可以直观地看作是经济的结构，即经济体（Economy）。这是一个以利润为目标的因子集合。其中，因子分为两个向量：一个是价格向量，可以代表市场；另一个是约束条件向量，代表经济的可行范围，也就是经济容量（Economic Capacities）。自由市场自行调节，必须在容量所围括的可行域（Feasible Region）里完成。

它给经济学带来了新的精神、新的思路和新的方法，令经济学正在和即将取得更大的深入和拓展[3]。

科学是普适的、独立的，它自身就是自身的主宰[4]。科学本身具有的这种自我主宰性，导致所有的科学常规学科，在自身的成长过程中，呈现出两个突出的特点：一个是由科学的独立性所决定，学科本身的科学性进步取决于自身理论结构的完美性进展；另一个是由科学的普适性所决定，学科能力的提高体现为深入与扩展的交替行进，但扩展取决于深入。科学学科的这两个特点，给人们认识具体学科的科学进步过程提供了很大的便利，而要认识那些已经确立了自己科学理论范式的学科，这更加便利。这两个特点必定体现在范式结构的进步之中。范式结构的进步意味着新理论代替了旧理论，在结构上，是新的覆盖了旧的；在功能上，新理论不但能说明旧理论所能说明的现象，而且还能说明旧理论不能说明的现象[5]。

在经济学这里，常规科学在成长过程中所具有的这两个特点，表现得更加明显，而且集中地体现在了范式的深入和拓展上。科学范式不断深入发展，致使经济学的基本理论不断得到覆盖和扩展。新的覆盖了旧的，并且以自身更有效的能力取代了旧的，导致新的理论范式不仅能说明旧的理论范式所能说明的规律和真实，还能说明旧的理论范式所不能说明的规律和真实。基本对象没变，基本原理没变，理论的基本结构却扩展了，这意味着，人们对规律和真实的认识更加准确了，也更加精确了。宇宙的规律是很准确的，也是很精确的。理论的准确和精确，永远是个问题[6]。对规律和真实的准确性和精确性认识程度的提高，实际上就是科学的新概念、新角度和新思路在成熟、在深入。对于经济学的具体的研究问题而言，这意味着，新的出发点给定了，研究过程将体现新的精神了[7]。这也给现代经济学带来了新的训练方向[8]。

1.2　*F* 函数的形成与发展

经济学自亚当·斯密（A. Smith，1723—1790）发现了“自由市场自行调节（Free Market and Automatic Regulation)”这个定律之后，便在科学的普适性和独立性的指引下，在这个定律推动下，继续进行关于经济运行规律的探寻，并较快地进入了自我主宰的发展状态。

亚当·斯密于 1776 年发表了《国富论》，其中阐述的“自由市场自行调节”成为经济学最早发现的基本规律[9]。按照数学语言，这一思想可以表示为：

$$\boldsymbol{x}^* = F(\boldsymbol{p}) \tag{1.2}$$

式中，$\boldsymbol{x}^*$——商品的种类和数量向量，$\boldsymbol{x}^*=[x_1, x_2, \cdots, x_I]$；

$\boldsymbol{p}$——市场价格向量，$\boldsymbol{p}=[p_1, p_2, \cdots, p_I]$。

在《国富论》中，亚当·斯密用了大量篇幅说明市场实际支配人们经济活动的情况，试图证明这个公式的自然存在性，也就是证明这个定律的真实存在性。

在这个定律的指引下，为了更加深入地探寻经济规律，经济学家们分别从经济体的基本结构与经济当事人的行为这两个不同的方面入手，对经济现象展开了研究，从而形成了宏观的与微观的这两个在形式上不尽相同的理论分支，或称学派，即宏观经济学与微观经济学。

20 世纪以来，宏观经济学和微观经济学都出现了快速的发展。在宏观领域里，瓦尔拉斯（M. Walras，1834—1910）、帕累托（V. Paredo，1848—1923）、凯恩斯（J. Keynes，1883—1946）和纳什（J. Nash，1928—2015）等，做出了突出的贡献。其中，贡献最为突出的经典作家当数凯恩斯。

凯恩斯的突出贡献是完成了一次新的理论综合，尤其是对经济体的构成进行了归纳，将经济体描述为“一点两面三市场四部门”所组成，从而在基本概念上完成了对经济体的结构性陈述。如式(1.3)～(1.4) 所示，即：

$$\text{Max}s = \boldsymbol{px} \tag{1.3}$$

s. t.

$$Y(\boldsymbol{x},\boldsymbol{v}) \tag{1.4}$$

式中，$\boldsymbol{p}$ ——价格向量，$\boldsymbol{p}=[p_1, p_2, \cdots, p_I]$，$p_i \gg 0$ ，$i=1, 2, \cdots, I$ ；

$\boldsymbol{x}$——供给向量，$\boldsymbol{x}=[x_1, x_2, \cdots, x_I]$；

$Y(\boldsymbol{x}, \boldsymbol{v})$——生产可能性集合；

$\boldsymbol{v}$——需求向量，$\boldsymbol{v}=[v_1, v_2, \cdots, v_J]$，$v_j \leqslant 0$ ，$j=1, 2, \cdots, J$ ；

$\boldsymbol{p}$，$\boldsymbol{x} \in R^I$，$\boldsymbol{v} \in R^J$；R^I，R^J分别为 I 维和 J 维的实数集合。

在微观领域里，理论研究上的重大突破，比宏观领域要稍早一些，在准确性和精确性方面的深入程度也更明显一些。容易看出，亚当·

斯密于 1776 年发表的《国富论》，也主要是侧重于微观观察方面的。而后，为微观经济理论做出重大贡献的，在 18—19 世纪，主要有李嘉图（D. Richardo，1772—1823）等；在 20 世纪，主要有吕豪斯 (P. Loehaus，1878—1949)、希克斯（J. Hicks，1904—1989)、萨缪尔森（P. Samuelson，1915—2009）和索罗（R. Solow，1924—）等。其中，就直接给予现代经济学范式的重大影响而言，贡献突出的当数李嘉图、吕豪斯和萨缪尔森。

从纯粹技术的角度来看，李嘉图在生产领域里发现了“规模报酬递减律”，为发现生产可能性集合的凸性奠定了基础。

1840 年，德国的土壤化学家李比希（J. Von Liebig，1803—1873）在“矿质营养说”和“营养元素归还说”的基础上，提出了农业实物生产函数：

$$y = F(x) \tag{1.5}$$

式中，y——产出量；

x——营养数量。

为便于与式（1.2）的内容相对照，这里的 y 和 x 也可以写为向量的形式，并与在式（1.2）里所分析的结构完全一致。如果用图形来表示，式（1.5）是一条先凸后凹的“S”形曲线，也就是一条逻辑曲线（Logistic Curve)。而且，很快就证明了，这条曲线能与市场行为相联系的部分，只是凹的前半段，而凹的后面部分，即报酬为零或负的，则不包括在内。

式（1.5）奠定了现代农业科学的主导学科——农学的基础[10]，同时，也奠定了农业经济学数量结构分析和演绎推理分析模型——经营函数的基础[11]。由此，1919 年吕豪斯得出了农业经营函数：

$$\mathrm{Max}\ \pi = p_y F(x) - p_x x \tag{1.6}$$

式中，π——利润；

p_y——产品价格；

$F(\cdot)$ —生产函数；

x——投入物数量；

p_x——投入物的价格。

式（1.6）将农业经济学发展为数量结构分析的学科，因为它将生产者行为置于自由市场的作用之下，从而也把“边际效率（Marginal Efficiency）”置于严谨的数学演绎分析结构之中。技术限制、市场限制与边际效率分析和“规模报酬递减律（Law of Diminishing Returns to Scale）”结合起来，形成了具有规范性公理化形式的理论表达，使农业经济学形成了科学范式（Scientific Paradigm），达到了科学理论水平，成了现代常规科学学科之一。准确地说，正是式（1.6）也将整个一般经济学带进了科学范式的发展阶段，因为它给定了经济学科学理论核心的初始模型。数学的准确性和精确性的描述必然给理论带来推进，从而将范式推进到近代科学理论所要求的起码水平。

由式（1.6）的一阶条件得出：

$$\frac{\mathrm{d}F}{\mathrm{d}x} = \frac{P_x}{P_y} \tag{1.7}$$

并可以解得：

$$\boldsymbol{x}^* = F(\boldsymbol{p}) \tag{1.8}$$

式中，$\boldsymbol{p}$——价格向量，$\boldsymbol{p}=[p_y, p_x]$。

式（1.8）与式（1.2）是完全一致的，这意味着，从微观的观察出发，以生产者行为为基础的经营，实际上坚持了亚当·斯密已经论证了的原理。从理论意义上讲，经营函数正是再一次地证明了这个原理的实在性。同时，这个函数的结果，必须遵从规模报酬递减律，借助边际分析来完成，这实际上也证明了“自由市场自行调节”起作用的实际范围，也就是给定了生产技术与市场机制相对应的空间的性质。因而人们可以清晰地看出，亚当·斯密所阐明的“自由市场自行调节”，奠定了经济学的理论核心的基础，即它就是这个理论核心的最基本的成分。同时，也在数学上证明了，与市场相联系的生产函数，例如上述的式（1.2）和式（1.8），只能是凹函数。

设生产技术是线性齐次的，那么，不失一般性，我们可以把实物生产函数写为显示技术进步的形式，即写为最简单的 Hicks 中性技术进步的形式：

$$y = aF(x) \tag{1.9}$$

式中，a——生产技术。

由此所得出的经营函数为：

$$\text{Max}\ \pi = p_y aF(x) - p_x x \tag{1.10}$$

其一阶条件成为：

$$\frac{\mathrm{d}F}{\mathrm{d}x} = \frac{1}{a}\frac{P_x}{P_y} \tag{1.11}$$

式（1.11）的解为 x^*，而且，以一般化的形式可以写作：

$$x^* = f(a, \boldsymbol{p}) \tag{1.12}$$

式中，$\boldsymbol{p}$——价格向量，$\boldsymbol{p}=[p_y，p_x]$。

识别式（1.12）左右两端的经济学含义，能够得出，生产者行为所遵循的规律，就是价格不变下的技术组合。这便是萨缪尔森对经济学研究所做出的判断，也是给经济学理论核心所下的定义。这个定义的基础仍然是“自由市场自行调节”这个原理，但是将考察的焦点深入到了技术，从而把这个原理深化了，也就是把经济学理论核心深化了。

应该说，自从生产函数确立以后，沿着生产函数所开展的经济学研究，无论是宏观的还是微观的，在初始陈述方面实际上并没有遵循亚当·斯密所倡导的范式，但是研究的结果却遵循了亚当·斯密的假说，并维护了范式。

伴随着研究的进展，在20世纪中后期，经济学领域还获得了另外两个重要的发现：一个是生产可能性集合的凸性（Convexity of Production Possibilities Set）；另一个是固定替代弹性（Constant Elasticity of Substitution，CES）。

为便于理解生产可能性集合凸性定律，我们在此先给出凸集和凹函数的定义。定义1：v 是一个凸集，当且仅当 $v_1 \in v$，$v_2 \in v$，$0<\lambda<1$ 暗含着 $\lambda v_1+(1-\lambda)v_2 \in v$。定义2：$F$ 是一个定义在凸集 v 上面的凹函数，当且仅当 $v_1 \in v$，$v_2 \in v$，$0<\lambda<1$ 暗含着 $F[\lambda v_1+(1-\lambda)v_2] \geqslant \lambda F(v_1)+(1-\lambda)F(v_2)$。相应地，$F$ 是凸集 v（R^J 的子集）上面的一个凹函数，当且仅当 $F \equiv \{(x, v): x \leqslant F(v_j), v_j \in v\}$ 下方的图形是 R^{J+1} 里的一个凸集，对于 $j=1, 2, \cdots, J$。

这样，在微观水平上，设一个商家，在一个给定期间，能够运用 J 种投入，以向量来表示为 $\boldsymbol{v}=[v_1, v_2, \cdots, v_J]$，生产 I 种产品，以向量来表示为 $\boldsymbol{x}=[x_1, x_2, \cdots, x_I]$。容易理解，在生产组织过程中，这些投入和产出会呈现为各种不同的组合。所有的这些组合，定义为这个商家的生产可能性集合（Production Possibilities Set），记作 $Y(x;\ v)$，并可以简写为 $Y(v)$。

显然，在 $Y(x;\ v)$ 中有，$v \in R^J$，当且仅当 $v_1 \in v$，$v_2 \in v$，给定 $0<\lambda<1$，必有 $\lambda v_1+(1-\lambda)v_2 \in v$。这意味着，在实际生产中，生产投入物集合满足定义 1，即生产投入物集合就是一个凸集。

那么，这个商家的行为是在满足生产可能集合的情况下，追求收益最大，即

$$\text{Max } s = p\boldsymbol{x} \tag{1.13}$$

s. t.

$$\boldsymbol{x} \in Y(\boldsymbol{v}) \tag{1.14}$$

$$\boldsymbol{p},\ \boldsymbol{x} \in R^I,\ \boldsymbol{v} \in R^J$$

式中，$\boldsymbol{x}$——最终产品向量，$\boldsymbol{x}=[x_1,\ x_2,\ \cdots,\ x_I]$；$x \gg 0$

$\boldsymbol{p}$——最终产品的价格向量，$\boldsymbol{p}=[p_1,\ p_2,\ \cdots,\ p_I]$；$p \gg 0$

$Y(v)$——投入 $\boldsymbol{v}$ 的凸性生产可能性集合，其中，$\boldsymbol{v}=(v_1,\ v_2,\ \cdots,\ v_J)$，$\boldsymbol{v} \leqslant 0$，并有 $I \leqslant J$。

由此解得 $\boldsymbol{x}=f(\boldsymbol{p};\ \boldsymbol{v})$，并可以进而求得

$$G = \pi(\boldsymbol{p};f(\boldsymbol{p};\boldsymbol{v})) = \pi(\boldsymbol{p};\boldsymbol{v}) \tag{1.15}$$

式中，$\pi(\cdot)$——利润；

$\boldsymbol{p}$——产品的价格向量，$\boldsymbol{p}=[p_1,\ p_2,\ \cdots,\ p_I]$，$p \gg 0$；

$\boldsymbol{v}$——固定数量向量，$\boldsymbol{v}=[v_1,\ v_2,\ \cdots,\ v_J]$，$\boldsymbol{v} \leqslant 0$，并有 $I \leqslant J$。

式（1.15）就是前面已经提及的有约束的利润函数（Restricted Profit Function），简称 G 函数，是经济学理论核心的最新综合结果，也就是目前经济学最前沿的理论范式。能得出这个范式的必要条件，如上所述，就是生产可能性集合为凸性这个定律。

在式（1.15）中，因为有 $p \gg 0$，即价格均为正的，因此这个函数会将实物生产函数 x 这个凹函数向上方推移，但仍在凸集之中，只是 π（·）更加处于外沿上。

式（1.15）便是现代经济学的最新范式。为区别于以前的生产函数和经营函数，人们称它为 G 函数。与通常的 F 函数相比，G 函数在结构上的突出变化，就是增添了 $\boldsymbol{v}$ 这个约束向量，并因此称 G 函数为有约束的利润函数（restricted profit function）。

同理，对式（1.3）～式（1.4）求解，也就是对宏观水平的经济结构求解，其解也是 $\boldsymbol{x}=f$（$\boldsymbol{p}$；$\boldsymbol{v}$）。并且也可以得到式（1.15）。

根据数学对偶理论，对于式（1.3）～式（1.4）和式（1.13）～式（1.14），必定存在一个对等的对应，即：

$$\text{Min } \boldsymbol{x} = Y(\boldsymbol{v}) \tag{1.16}$$

s. t.

$$\boldsymbol{x} \in \boldsymbol{px} \tag{1.17}$$

$$\boldsymbol{p},\ \boldsymbol{x} \in R^I,\ \boldsymbol{v} \in R^J$$

其解仍然是 $\boldsymbol{x}=f(\boldsymbol{p};\ \boldsymbol{v})$，并且也可以得到式（1.15）。

这样，只要式（1.3）～式（1.4）和式（1.13）～式（1.14）与式（1.16）～式（1.17）是对偶的，那么，式（1.15）就是唯一的解，也就是说，有约束的利润函数将可以取代微观的和宏观的利润最优化函数，成为经济分析的出发点，因为它与这种最优化的描述是等价的。这正是 F 函数要进化为 G 函数的内在机理，也是 G 函数可以取代 F 函数，成为新的经济学范式的基本理由。

以上的分析过程也表明，G 函数可以取代 F 函数，成为新的经济学范式，这也是经济学理论的一次重大综合。从性质上来说，它把原来的宏观经济学与微观经济学的范式综合起来了，成了统一的范式。随着科学研究的深入和发展，人们将看到，这种综合和统一必定日益显现出它的重大意义。它一定会给学科的发展，带来重大的推进和促进作用。

1.3　G 函数加深和拓展了对规律的解释

1.3.1　经济规律更加直观地归于自然

对于探寻规律而言，科学范式的进化总是揭示出越来越简单的内容，也就是说，范式是沿着越来越简单的方向前进的。对于自然科学以外的科学领域而言，在这种简单化的进程中，也包含了范式越来越采用直观描述自然结构的形式。从最一般的意义上来说，规律是自然存在的，因而规律都是自然规律，探寻规律的出发点越接近自然，越有利于发现规律，也越有利于解释规律。

经济学的范式由 F 函数进化到 G 函数，如上所述，实际上是行为函数的求解过程，而 G 函数就是 F 函数的最优化结果，也就是由有约束的行为函数，通过数学的对偶理论，得出了它的等价形式——有约束的利润函数。得出这个等价形式的证明过程，最初是由美国经济学家麦克法登（D. McFadden，1937—）完成的，因而这个等价形式，曾经被称为“McFadden 定理”。见图 1.1。

图 1.1 中的 G 函数，$G=\pi(p; v)$，就是原来宏观的和微观的 F 函数的对偶形式，当然也是它的最优化的结果。然而，人们容易看出，运用 G 函数来表示经济体的结构和运行，无疑比运用 F 函数要简单得多。另外，从以上分析过程可以看出，作为对偶结果，$G=$

π($\boldsymbol{p}$；$\boldsymbol{v}$）是自由市场自行调节对行为最优化的自然反应，是自然对人为作用的必然选择，因而，它直接描述的是一种自然结果。

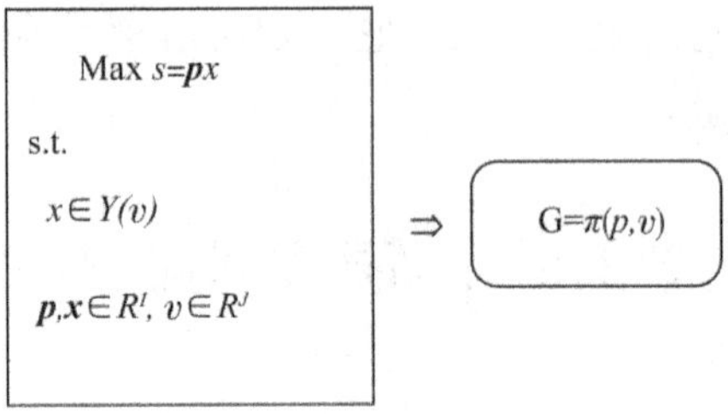

图 1.1　由 F 函数到 G 函数

范式是分析的出发点，从 G 函数开始的分析，就是从行为最优化结果开始的分析，也就是从自然反应结果开始的分析，分析的出发点，至少在形式上，更贴近了自然。在经济学里把规律归于自然的意向更直观了，也更简单了。由此可以认为，经济学的范式由 F 函数进化为 G 函数，其首要的作用是导致对规律的探寻更加深入到了自然的结构，把经济运动更加直观地归于了自然。

1.3.2　更直接地容纳了重要定理

概括地讲，科学研究都是理论研究，“理论，理论，就是用定理做出论证”。范式是论证的出发点，范式容纳定理的多少，以及范式所能表现这些定理的直接程度，都是科学深入的表现，无形中正是范式进化的追求。经济学的范式由 F 函数进化为 G 函数，表现经济学基本定理的能力显然提高了，实现了范式涵盖定理更加丰富、更加简洁，也更加便于表达。如同本书在以上部分里已经阐明的，Hotelling 引理[12]、Shephard 引理、Harrigen 推论[13]和固定替代定律在 G 函数里都可以得到便利的表达，并能够给出很精确的结果，从而，使得人们对经济规律的认识更加直接、更加精确。加之 G 函数更加深入地表示成了自然结构的形式，令这些认识更加贴近了自然，令人们更加容易地理解了自由市场自行调节的自然属性，令经济学的基本观念可以更进一步地深入到自然，更有利于把经济运动和经经济规律归于自然。将经济运动和经济法则解释为自然的准确而精确的规律，正是经济学作为常规科学学科所追求的目标[14]。

1.3.3　点的状态分析与点集的状态分析

在

$$G=\pi(p;v)$$

里，有它的 Jacobi 向量为：

$$\boldsymbol{J}=[\pi_p \quad \pi_v]=[\nabla_p\pi \quad \nabla_v\pi]=\left[\frac{\partial\pi}{\partial p_i};-\frac{\partial\pi}{\partial v_j}\right]$$

在 Jacobi 向量的基础上，可以得出 Hessian 矩阵为：

$$\boldsymbol{H}=\begin{bmatrix}\pi_{pp} & \pi_{pv}\\ \pi_{vp} & \pi_{vv}\end{bmatrix}=\begin{bmatrix}\nabla_{pp}{}^2\pi & \nabla_{pv}{}^2\pi\\ \nabla_{vp}{}^2\pi & \nabla_{vv}{}^2\pi\end{bmatrix}$$

$$=\begin{bmatrix}\dfrac{\partial^2\pi}{\partial p_i\,\partial p_h} & -\dfrac{\partial^2\pi}{\partial v_j\,\partial p_h}\\ -\dfrac{\partial^2\pi}{\partial v_j\,\partial p_h} & \dfrac{\partial^2\pi}{\partial v_j\,\partial v_k}\end{bmatrix}$$

由 Hessian 矩阵可以得出替代弹性矩阵为：

$$\boldsymbol{S}=\begin{bmatrix}\sigma_{p_ip_h} & \sigma_{v_jp_h}\\ \sigma_{p_iv_k} & \sigma_{v_jv_k}\end{bmatrix}=\pi\begin{bmatrix}\pi_p{}^{-1}\pi_{pp}\pi_p{}^{-1} & \pi_p{}^{-1}\pi_{pv}\pi_v{}^{-1}\\ \pi_v{}^{-1}\pi_{vp}\pi_p{}^{-1} & \pi_v{}^{-1}\pi_{vv}\pi_v{}^{-1}\end{bmatrix}$$

$h\in i$；i，$h=1$，2，…，I；$k\in j$；j，$k=1$，2，…，J　(1.18)

这里，$\sigma_{p_i p_h}=\pi\left(\frac{\partial\pi}{\partial p_i}\right)^{-1}\left(\frac{\partial^2\pi}{\partial p_i\,\partial p_h}\right)\left(\frac{\partial\pi}{\partial p_h}\right)^{-1}\quad h\in i;\ i,\ h=1,2,\cdots,I$ (1.19)

$$\sigma_{v_j p_h}=\pi\left(-\frac{\partial\pi}{\partial v_j}\right)^{-1}\left(-\frac{\partial^2\pi}{\partial v_j\,\partial p_h}\right)\left(\frac{\partial\pi}{\partial p_h}\right)^{-1}\quad h\in i,\ i=1,2,\cdots,I;\ j=1,2,\cdots,J \tag{1.20}$$

$$\sigma_{p_i v_k}=\pi\left(\frac{\partial\pi}{\partial p_i}\right)^{-1}\left(-\frac{\partial^2\pi}{\partial p_i\,\partial v_k}\right)\left(-\frac{\partial\pi}{\partial v_k}\right)^{-1}\quad i=1,2,\cdots,I;\ k\in j,\ j=1,2,\cdots,J \tag{1.21}$$

$$\sigma_{v_j v_k}=\pi\left(-\frac{\partial\pi}{\partial v_j}\right)^{-1}\left(\frac{\partial^2\pi}{\partial v_j\,\partial v_k}\right)\left(-\frac{\partial\pi}{\partial v_k}\right)^{-1}\quad k\in j;\ j,\ k=1,2,\cdots,J \tag{1.22}$$

式（1.18）～式（1.22）便是经济体中各个因子之间存在的替代弹性。

在式（1.18）里，即在

$$\boldsymbol{S}=\begin{bmatrix}\sigma_{p_i p_h} & \sigma_{v_j p_h}\\ \sigma_{p_i v_k} & \sigma_{v_j v_k}\end{bmatrix}$$

这个矩阵中，行向量表示第 h 个价格和第 k 种固定数量分别对第 i 个价格和对第 j 种固定数量的替代弹性；而列向量则表示第 i 个价格和第 j 种固定数量分别被第 h 个价格和第 k 种固定数量所替代的弹性。如果这些替代弹性是固定的，那么，可以运用这些不变的替代弹性作为坐标，把经济内在的增长状态衡量出来。也就是说，如果给定第 h 个价格的增长率 r_{p_h} 和给定第 k 种固定数量的增长率 r_{v_k}，那么，便可以分别得出第 i 个价格的被替代率 Δr_{p_i} 和第 j 种固定数量的被替代率 Δr_{v_j}，也就是在逻辑上有：

$$\begin{array}{cc} \Delta r_{p_i} & \Delta r_{v_j} \\ \Uparrow & \Uparrow \end{array}$$
$$\begin{bmatrix} \sigma_{p_i p_h} & \sigma_{v_j p_h} \\ \sigma_{p_i v_k} & \sigma_{v_j v_k} \end{bmatrix} \begin{array}{l} \Leftarrow r_{p_h} \\ \Leftarrow r_{v_k} \end{array}$$

于是，便可以把经济里的各个因子所具有的运动状态解释得更加清楚[15]。

如果 $G=\pi(p;v)$ 的结构变成了式（1.23），即：

$$G=\pi(\boldsymbol{a}p;v(\boldsymbol{b})) \tag{1.23}$$

式中，$\boldsymbol{a}$ ——标量矩阵，$\boldsymbol{a}=\begin{bmatrix} a_{11} & 0 & \cdots & 0 \\ 0 & a_{22} & 0 & 0 \\ \cdots & 0 & \cdots & 0 \\ 0 & 0 & 0 & a_{II} \end{bmatrix}$；

$\boldsymbol{b}$ ——向量，$\boldsymbol{b}=[b_1, b_2, \cdots, b_N]$。

那么，可以得出

$$\sigma_{a_i p_i (a_h p_h)}=\pi\left(\frac{\partial \pi}{\partial p_i}a_{ii}\right)^{-1}\left(\frac{\partial^2 \pi}{\partial p_i \partial p_h}a_{ii}a_{hh}\right)\left(\frac{\partial \pi}{\partial p_h}a_{hh}\right)^{-1}$$
$$=\pi\left(\frac{\partial \pi}{\partial p_i}\right)^{-1}\left(\frac{\partial^2 \pi}{\partial p_i \partial p_h}\right)\left(\frac{\partial \pi}{\partial p_h}\right)^{-1}$$
$$h\in i;\ i,\ h=1,\ 2,\ \cdots,\ I$$

$$\sigma_{v_j(b_l)a_{hh}p_h}=\pi\left[-\frac{\partial \pi}{\partial v_j}\left(\sum_{l=1}^{N}\frac{\partial v_j}{\partial b_l}\right)\right]^{-1}\left[-\frac{\partial^2 \pi}{\partial p_h \partial v_j}a_{hh}\left(\sum_{l=1}^{N}\frac{\partial v_j}{\partial b_l}\right)\right]\left(\frac{\partial \pi}{\partial p_h}a_{hh}\right)^{-1}$$
$$=\pi\left(-\frac{\partial \pi}{\partial v_j}\right)^{-1}\left(-\frac{\partial^2 \pi}{\partial v_j \partial p_h}\right)\left(\frac{\partial \pi}{\partial p_h}\right)^{-1}$$
$$h\in i,\ i=1,\ 2,\ \cdots,\ I;\ j=1,\ 2,\ \cdots,\ J$$

$$\sigma_{a_{hh}p_h v_k(b_l)}=\pi\left(\frac{\partial \pi}{\partial p_h}a_{hh}\right)^{-1}\left(-\frac{\partial^2 \pi}{\partial p_h \partial v_k}a_{hh}\left(\sum_{l=1}^{N}\frac{\partial v_j}{\partial b_l}\right)\right)\left(-\frac{\partial \pi}{\partial v_k}\left(\sum_{l=1}^{N}\frac{\partial v_j}{\partial b_l}\right)\right)^{-1}$$

$$=\pi\left(\frac{\partial \pi}{\partial p_h}\right)^{-1}\left(-\frac{\partial^2\pi}{\partial p_h\,\partial v_k}\right)\left(-\frac{\partial \pi}{\partial v_k}\right)^{-1}$$

$$h\in i,\ i=1,\ 2,\ \cdots,\ I;\ k\in j,\ j=1,\ 2,\ \cdots,\ J$$

$$\sigma_{v_j(b)v_k(b)}=\pi\left[-\frac{\partial \pi}{\partial v_j}\left(\sum_{l=1}^{N}\frac{\partial v_i}{\partial b_l}\right)\right]^{-1}\left[\frac{\partial^2\pi}{\partial v_j\,\partial v_k}\left(\sum_{l=1}^{N}\frac{\partial v_k}{\partial b_l}\right)\left(\sum\sum_{l=1}^{N}\frac{\partial v_i}{\partial b_l}\right)\right]$$

$$\left[-\frac{\partial \pi}{\partial v_k}\left(\sum_{l=1}^{N}\frac{\partial v_k}{\partial b_l}\right)\right]^{-1}$$

$$=\pi\left(-\frac{\partial \pi}{\partial v_j}\right)^{-1}\left(\frac{\partial^2\pi}{\partial v_j\,\partial v_k}\right)\left(-\frac{\partial \pi}{\partial v_k}\right)^{-1}$$

$$k\in j;\ j,\ k=1,\ 2,\ \cdots,\ J$$

这意味着，存在于经济体中各个因子之间的替代弹性是固定不变的。这便是经济学在 20 世纪里的另一个重要的发现——固定替代弹性（Constant Elasticity of Substitution，CES）。它是一个自然法则。

根据定义，替代弹性值表明，一个增长的经济体在给定的时间点上，一个变量增长百分之一可以导致另一个变量减少（或增加）百分之几。固定替代弹性定律的发现，说明这种替代是固定的，即对于增长的经济来说，实际上存在着一个不变的背景，经济增长的变化会呈现为各有关因子的增长率的不平衡变化，但不会导致本底背景的变化，经济世界的背后存在着一个不变的比例关系。以这个不变的比例关系作为坐标，便可能解释经济增长的重要特征[16]。

式（1.18）所示出的是经济里每两个因子之间的固定替代弹性值，也就是每两个因子之间存在的相互替代状态的系数。而且，根据对偶原理可知，这些系数是有“+”“−”之分的，即替代方向是不同的，价格的替代是真替代，因而其固定替代弹性的系数是“+”

的；而固定数量的替代是假替代，其固定替代弹性的系数是“—”的。

根据最小被替代率定律（law of minimum substituted rate），能够得出第 i 种价格的被替代率为：

$\Delta r_{p_i}=\min\limits_{h}\{\sigma_{p_ip_h}r_{p_h}\}-\max\limits_{k}\{\sigma_{p_iv_k}r_{v_k}\}$　$h\in i$，$h\neq i$，$i=1$，…，I；$j=1$，…，J

同理，能够得出第 j 种固定数量的被替代率为：

$\Delta r_{v_j}=\min\limits_{h}\{\sigma_{v_jp_h}r_{p_h}\}-\max\limits_{k}\{\sigma_{v_jv_k}r_{v_k}\}$　$h\in i$，$h\neq i$，$i=1$，…，I；$k\in j$，$k\neq j$，$j=1$，…，J

这里，Δr_{p_i}——第 i 种价格的被替代率，$i=1$，…，I；

$\sigma_{p_ip_h}$——第 i 种价格与第 h 种价格之间的固定替代弹性值，

r_{p_h}——第 h 种价格的增长率，$h\in i$，$h\neq i$，$i=1$，…，I；

Δr_{v_j}——第 j 种固定数量的被替代率；

$\sigma_{v_jp_h}$——第 j 种固定数量与第 h 种产品价格之间的固定替代弹性值；

r_{p_i}——第 i 种价格的增长率；

$\sigma_{v_jv_k}$——第 j 种固定数量与第 k 种固定数量之间的固定替代弹性值；

r_{v_k}——第 k 种固定数量的增长率，$i=1$，…，I；$k\in j$，$k\neq j$，$j=1$，…，J。

由此可见，固定替代弹性可以用来衡量各个因子点的状态。也容易看出，因为替代弹性是固定的，因而有：

$$\min_{h}\{\sigma_{p_ip_h}r_{p_h}\}\rightarrow\min_{h}\{r_{p_h}\}\quad h\in i,h\neq i,i=1,\cdots,I;$$

$$\max_{k}\{\sigma_{p_iv_k}r_{v_k}\}\rightarrow\max_{k}\{r_{v_k}\}\quad j=1,\cdots,J$$

$$\min_h\{\sigma_{v_j p_h} r_{p_h}\} \rightarrow \min_h\{r_{p_h}\} \quad i = 1,\cdots,I$$

$$\max_k\{\sigma_{v_j v_k} r_{v_k}\} \rightarrow \max_k\{r_{v_k}\} \quad k \in j, k \neq j, j = 1,\cdots,J$$

即在经济的自然运行中，各个因子会自动地收敛于对其影响最小的价格增长率和对其影响最大的需求数量的增长率。

同理，在

$$\min_j\{\Delta r_{v_j}\} = \min_j\min_h\{\sigma_{v_j p_h} r_{p_h}\} - \max_j \max_k\{\sigma_{v_j v_k} r_{v_k}\}$$
$$i = 1,\cdots,I;\ k \in j, k \neq j, j = 1,\cdots,J \tag{1.24}$$

里，有

$$\min_j \min_h\{\sigma_{v_j p_h} r_{p_h}\} \rightarrow \min_j\{\sigma_{v_j p_h}\} \min_h\{r_{p_h}\}$$
$$h \in i, h \neq i, i = 1,\cdots,I; k \in j, k \neq j, j = 1,\cdots,J \tag{1.25}$$

$$\max_j \max_k\{\sigma_{v_j v_k} r_{v_k}\} \rightarrow \max_j\{\sigma_{v_j v_k}\} \max_k\{r_{v_k}\}$$
$$k \in j, k \neq j, j = 1,\cdots,J \tag{1.26}$$

这意味着，就经济的整体来说，最小的固定数量的被替代率，收敛于整体价格与该固定数量之间的最小的固定替代弹性和最小的价格增长率，也收敛于整体另一种固定数量与该种固定数量之间的最大的固定替代弹性和最大的这另一种固定数量的增长率。

如前所述，经济学在关于资源分配的研究过程中，主要是在运用线性规划模型进行实际数据运算的过程中，发现所给定的约束条件，特别是给定的资源拥有数量，其约束作用可以形象地定义为经济容量（capacity of economy）。因而，广义地讲，固定数量构成一个集合，其中每一种固定数量都可以视为一个经济容量元素。

上述分析结果表明，在经济运行过程中，各个经济容量元素会收敛于最小的价格增长率，也收敛于最大的固定数量增长率；而整个经济容量集合会收敛于整体最小的价格替代弹性和最小的价格增长率，也收敛于整体最大的固定数量替代弹性和最大的固定数量增长率。

式（1.24）的收敛过程可以描述如下。从市场自行调整的角度来看，对应着经济当事人追求的利润最大化，经济整体会有相应反应，反应的关键点会出现在经济容量的极端元素上，这就是被替代率最小的元素。要保证其被替代率最小，首先在市场上确定对该元素的最小价格固定替代弹性和在固定数量中确定对该元素的最大固定替代弹性。然后根据给定的固定数量的最大增长率集合，求得相应的价格的最小增长率。进而得出决定经济整体的最大固定数量的增长率和最小的价格增长率。

在式（1.24）里，如果给定了

$$\Delta r_{v_W} = \min_j\{\Delta r_{v_j}\}$$
$$r_{v_S} = \max_k\{r_{v_k}\}$$

那么，便可有

$$\Delta r_{v_W} = \min_h\{\sigma_{v_W p_h}\}\min_h\{r_{p_h}\} - \sigma_{v_W v_S} r_{v_S}$$
$$W \in j;\ S \in k, k \in j, k \neq j, j = 1, \cdots, J \qquad (1.27)$$

这里，因为 Δr_{v_W} 和 r_{v_S} 已经给定，因而，$\sigma_{v_W v_S} r_{v_S}$ 为已知，并且因为 Δr_{v_W} 已经给定，于是，便可以在已知的固定替代弹性里，确定出 $\sigma_{v_W p_R} = \min_h\{\sigma_{v_W p_h}\}$，进而解得 $r_{p_R} = \min_h\{r_{p_h}\}$。这样，便得出了端点的值［$\Delta r_{v_W}$　r_{p_R}］，其中，Δr_{v_W} 定义为短板容量（Weakness in Economic Capacities）的被替代增长率，可以简称为短板容量；r_{p_R} 定义为短板价格（Weakness in Prices）的增长率。

由此，在正则规律（Law of Regularity in Economy）的作用下，整个经济体的增长收敛于由短板所决定的状态，即：

$$\begin{cases}\Delta r_{p_i}=\sigma_{p_ip_R}r_{p_R}-\sigma_{p_iv_W}\Delta r_{v_W}\\ \Delta r_{v_j}=\sigma_{v_jp_R}r_{p_R}-\sigma_{v_jv_W}\Delta r_{v_W}\end{cases}$$

$R\in h$，$h\in i$，$h\neq i$；i，$h=1$，2，…，I；$W\in k$；$k\in j$，$k\neq j$，j，$k=1$，2，…，J

对于长期的经济运行，其一般结构可以描述为：

$$G=\pi(ap;v,t)$$

式中，$\boldsymbol{a}$ ——标量矩阵，$\boldsymbol{a}=\begin{bmatrix}a_{11} & 0 & \cdots & 0\\ 0 & a_{22} & 0 & 0\\ \cdots & 0 & \cdots & 0\\ 0 & 0 & 0 & a_{II}\end{bmatrix}$；

t ——时间。

在时刻 $t=0$ 时，这个经济的内部存在着如下替代关系：

$$\begin{cases}\Delta r_{p_i}(0)=\min\limits_{h}\{\sigma_{p_ip_h}[r_{a_{hh}}(0)+r_{p_h}(0)]\}-\max\limits_{k}\{\sigma_{p_iv_k}r_{v_k}(0)\}\\ \qquad\qquad -r_{a_{ii}}(0)\\ \Delta r_{v_j}(0)=\min\limits_{h}\{\sigma_{v_jp_h}[r_{a_{hh}}(0)+r_{p_h}(0)]\}-\max\limits_{k}\{\sigma_{v_jv_k}r_{v_k}(0)\}\end{cases}$$

$h\in i$，$h\neq i$；i，$h=1$，2，…，I；$k\in j$，$k\neq j$；j，$k=1$，2，…，J

经济运行到了 t（$t>0$）时刻，在正则规律作用下，经济自动地调节出：

$$\begin{cases}e^{\alpha_{p_i}t}\Delta r_{p_i}(0)=\sigma_{p_ip_R}[e^{-\alpha_{a_{RR}}t}r_{a_{RR}}(0)+e^{-\alpha_{p_R}t}r_{p_R}(0)]-\sigma_{p_iv_W}e^{-\beta_{v_W}(\hat{m}_2)t}\Delta r_{v_W}(0)\\ \qquad\qquad -e^{-\alpha_{a_{ii}}t}r_{a_{ii}}(0)\\ e^{\beta_{v_j}t}\Delta r_{v_j}(0)=\sigma_{v_jp_R}[e^{-\alpha_{a_{RR}}t}r_{a_{RR}}(0)+e^{-\alpha_{p_R}t}r_{p_R}(0)]-\sigma_{v_jv_W}e^{-\beta_{v_W}(\hat{m}_2)t}\Delta r_{v_W}(0)\end{cases}$$

这里，$\boldsymbol{m}_2$——人为干预向量，$\boldsymbol{m}_2=[m_{2_1}, m_{2_2}, \cdots, m_{2_N}]$；

$e^{-\alpha_{a_{RR}}t}r_{a_{RR}}(0)$——短板价格的科技进步的增长率；

$e^{-\alpha_{p_R}t} r_{p_R}(0)$——短板价格的增长率；

$e^{-\hat{\beta}_{v_W}(\hat{m}_2)t} \Delta r_{v_W}(0)$——短板容量元素的增长率；

$e^{-\alpha_{a_{ii}}t} r_{a_{ii}}(0)$——各个部门的科技进步率。

在这里，容易看出，价格短板的科技进步 $e^{-\alpha_{p_R}t} r_{p_R}(0)$ 既可以提高全部经济容量的被替代水平，又可以提高全部价格的被替代水平；还可看出，各个部门的科技进步 $e^{-\alpha_{a_{ii}}t} r_{a_{ii}}(0)$ 则会降低本部门的价格被替代水平，也就是努力保持本部门的价格上涨水平。

这就意味着，只要价格短板出现了科技进步，那么就不仅会增长市场活力，还会增大经济的整体容量，有利于经济的整体增长，因为增大容量短板的被替代率，也就是会增大这个短板的潜在增长水平，从根本上放松对市场的限制，进而增大价格短板的被替代水平，最终导致经济整体出现更大的增长。前面已经述及，容易证明，被替代率的负数，就是增长率，价格短板被替代率的增大，在市场上直接意味着，经济里所有价格的增长率要受到价格短板科技进步的抑制，增幅减缓，趋向于价格稳定或者降价；而各个部门自己的科技进步，则反过来，会降低本部门的价格被替代率，要保持或发扬自己的价格上涨趋势。

由此可以看出，在经济容量短板上确定的价格短板，如果有科技进步存在，这个科技进步就会通过经济体内在的传递和选择机制，最终影响到整个市场上的所有价格。并且，似乎应该首先作用于整个经济的所有容量，在经济容量方面，导致所有容量的被替代增长水平增长了，经济发展的限制条件宽松了，经济增长更轻松了。在市场价格方面，则导致所有价格的被替代率增长了，所有的价格上涨因素被抑制了，价格波动小了，市场更加稳定了。

另外，在这里也容易看出，一个不存在科技进步的部门，会很难成为价格短板，即使一旦成为，也很难持久，因为科技进步活跃的部门有很大的科技进步增长率，会很快增大自己的被替代增长率，从而很快成为价格短板，带动其余所有价格的被替代率增长，导致经济整体活跃。由此，从长期来看，促使经济增长的决定因素是科技进步，特别是那些科技进步增长突出的市场因子，它们的存在和发展，是经济的最活跃的推动力。

参考文献

［1］W. E. Diewert. A Brief Survey of Duality Theory［N］. Discussion Paper，No. 86－13，April 1986，Department of Economics，The University of British Columbia Vancouver，Canada V6T 1Y2.

［2］McFadden，D.. Cost，Revenue and Profit Functions［M］// M. Fuss and D. McFadden (ed.). Production Economics：A Dual Approach to Theory and Applications，Volume 1，The Theory of Production，North－Holland Publishing Company：Amsterdam • New York • Oxford，1978：4.

［3］孙中才. 农业经济数理分析［M］. 北京：中国农业出版社，2006：191-192.

［4］《第一推动》丛书编委会. 总序［M］//弗朗西斯·克里克著惊人的假说——灵魂的科学探索，汪云九，齐翔林，吴新，等译校. 长沙：湖南科学技术出版社，1999：3.

［5］孙小礼. 自然辩证法通论. 第二卷. 方法论［M］. 北京：高等教育出版社，1993：287-293.

［6］杨振宁. 杨振宁文录［M］. 海口：海南出版社，2002：96.

［7］孙中才. 科学与农业经济学［M］. 北京：中国农业出版社，2009：

72-73.

[8] 孙中才. *G* 函数引导的新探索 [J]. 汕头大学学报（人文社会科学版），2008 (4)：21-25.

[9] Samuelson，P.. Economics [M]. New York：McGraw—Hill，1957：152-157.

[10] 孙中才. 国际贸易与农业发展 [M]. 北京：中国农业出版社，2010：191-192.

[11] Samuelson，P.. Foundations of Economic Analysis [M]. Cambridge，MA：Harvard University Press，1947：22-24.

[12] Hotelling，H.. Edge worth' s taxation paradox and the nature of demand and supply functions [J]，J. Political Economy，40 (1932)，577-616.

[13] Harrigan，J.. Technology，Factor Supplies，and International Specialization：Estimating the Neoclassical Model [J]. The American Economic Review，1997 (87)：475-494.

[14] 孙中才. 粮食安全与耕地保护 [J]. 汕头职业技术教育论坛，2010 (1)：3-7.

[15] 孙中才. 通货膨胀与宏观调控 [J]. 山东财政学院学报，2012 (4)：5-11.

[16] 孙中才，陈曦. 现代经济学——范式定理和数理分析 [M]. 北京：中国农业出版社，2014：45.

第2章　两个部门与双重容量的分析

2.1 引　言

20世纪末，经济学家发现了两个重要的定律，从而将本学科的理论核心范式推进到了G函数水平[1]。从结构上来说，对比以往的生产函数（F函数），G函数将经济学的着眼点，由过去单一的市场结构，扩展到了市场结构与经济容量的统一[2]。所谓经济容量(Capacity of Economy)，就是经济运行中的固定投入数量，也就是约束条件。严格地讲，经济容量这个概念只有在发现生产可能性集合凸性定律之后，依据数学对偶原理才能建立起来[3]。

经济容量这个概念的确立，首先导致经济学的理论探索，在基本范围上，至少扩大了一倍，因为在G函数的定义里，$\pi(\boldsymbol{p};\boldsymbol{v})$，式中，$\pi(\cdot)$——利润；$\boldsymbol{p}$——产品的价格向量，$\boldsymbol{p}=(p_1, p_2, \cdots, p_I)$，$p\gg 0$；$\boldsymbol{v}$——固定数量向量，$\boldsymbol{v}=(v_1, v_2, \cdots, v_J)$，$\boldsymbol{v}\leqslant 0$，并有$I\leqslant J$。这意味着，对于经济容量的描述向量$\boldsymbol{v}$，其规模不小于价格的描述向量$\boldsymbol{p}$，即这里必须有$I\leqslant J$。因此，从$G$函数出发的经济分析，比一般的$F$函数，在函数因子的范围上至少扩大了一倍。这样，便导致在G函数的初始陈述中，在进行例行的市场分析之后，还必须进行经济容量的分析，而且，分析的程度，与市场的分析结果至少是对等的。由此可以看到，G函数的发现和经济容量这个概念的出现，不但使经济学的研究范围发生了变化，而且使这种研究的重点也发生了变化。因为，新的理论核心范式——G 函数所要求的分析内容，必须向经济容量这个方面偏移。对其留意或关注的内容，至少不少于对市场的分析[4]。

为此，一般经济学家对经济容量的一般结构进行了探索，并对经济体的一般性质做出了概括性的描述。其中，很引人注目的便是“自由的市场与被拘束的消费（Free Markets and Fettered Consumers）”[5]。“被拘束的消费（Fettered Consumers）”，也就是消费的约束性，是经济体的另一半一般性。据此可以清楚地看到，经济容量的全部或主体便是消费的约束性。

容易理解，这个描述是对经济学理论核心的重大推进。“自由市场”或者“自由市场自行调节（Free Market Automatic Regulation）”是经济学发现的第一个规律，是经济科学的基础。在迄今为止的两个半世纪里，支撑着经济学一步一步地登上了现代科学的高峰[6]。在此基础之上，又发现了“被拘束的消费”这个规律，并将其与“自由市场”耦合起来，全面地揭示出经济的内在规律和真实，其意义的重大性显而易见。

农业经济学曾经是一个独立的探索领域，并在一般经济学兴起之前便取得了许多卓有见地的成果[7]。然而，随着一般经济学的快速科学进步，农业经济学逐渐成为一般经济学的一个分支领域，其基本理论和范式日益受到后者的直接指导和武装。当然，能够作为一个分支领域存在，其研究的内容和探索的方向必定有着特定性，其研究方法和研究结果也必定具有一定的特殊性，这样，这个学科才能在研究对象的特殊规定之外，自己真正具有科学所需要的发展力量，使自己不能被其他学科所代替，并能随着科学共同体的发展而发展[8]。

随着科学共同体的发展，在20世纪里，农业经济学主要在市场结构分析和对生态环境的作用这两个方面取得了值得注意的成果。其中，在市场分析方面，农业经济学家进一步认识了农业的附属性；在对生态环境的作用方面，进一步地明确了农业的生物贡献，自然也认清了农业发展对人类生活质量的作用。对农业附属性认识的深入，导致农业经济学的分析必须围绕农业对经济主体成分的作用来展开，由此，农业经济学家于20世纪70年代创立了两部门分析的理论范式；认清了农业发展对人类生活质量的作用，令农业经济学更加准确地把握了经济可持续增长的内涵，使得有关生态的约束条件成了涉及农业的一般均衡分析的必要条件[9]。

从下一节开始，将根据一般经济学与农业经学所得出的上述发现，给出涉及农业的一般经济均衡的理论初始陈述，也就是说，要把这些发现耦合在当代最新的经济学理论核心范式——G函数里，得出一个包括农业在内的一般均衡模型，并试图根据已有的定律和定理，以农业为焦点，进行有关的深入分析，以便揭示农业经济所涉及的特殊的规律与真实[10]。

2.2 初始陈述：两个部门与双重容量

设商家的行为是在满足生产可能集合的情况下追求收益最大，即

$$\text{Max } s = \boldsymbol{p}_1\boldsymbol{x}_1 + \boldsymbol{p}_2\boldsymbol{x}_2 \tag{2.1}$$

$$\text{s. t.}\quad \boldsymbol{x}_1, \boldsymbol{x}_2 \in Y(\boldsymbol{v}_1, \boldsymbol{v}_2, \boldsymbol{v}_3) \tag{2.2}$$

$\boldsymbol{p}_1$，$\boldsymbol{x}_1 \in R^{I_1}$，$\boldsymbol{p}_2$，$\boldsymbol{x}_2 \in R^{I_2}$，$\boldsymbol{v}_1 \in R^{J_1}$，$\boldsymbol{v}_2 \in R^{J_2}$，$\boldsymbol{v}_3 \in R^{J_3}$，$I = I_1 + I_2$，$J = J_1 + J_2 + J_3$

这里，$\boldsymbol{p}_1$——农产品价格向量，$\boldsymbol{p}_1 = [p_{11}, p_{12}, \cdots, p_{1I_1}]$；$p_1 \gg 0$

$\boldsymbol{x}_1$——农产品数量向量，$\boldsymbol{x}_1 = [x_{11}, x_{12}, \cdots, x_{1I_1}]$；$x_1 \gg 0$

$\boldsymbol{v}_1$——农产品消费约束向量，$\boldsymbol{v}_1 = [v_{11}, v_{12}, \cdots, v_{1I_1}]$；$v_1 \leqslant 0$

$\boldsymbol{p}_2$——非农产品价格向量，$\boldsymbol{p}_2 = [p_{21}, p_{22}, \cdots, p_{2I_{12}}]$；$p_2 \gg 0$

$\boldsymbol{x}_2$——非农产品数量向量，$\boldsymbol{x}_2 = [x_{21}, x_{22}, \cdots, x_{2I_2}]$；$x_2 \gg 0$

$\boldsymbol{v}_2$——非农产品消费约束向量，$\boldsymbol{v}_2 = [v_{21}, v_{22}, \cdots, v_{2I_2}]$；$v_2 \leqslant 0$

$\boldsymbol{v}_3$——基本资源向量，$\boldsymbol{v}_3 = [v_{31}, v_{32}, \cdots, v_{3I_3}]$；$v_3 \leqslant 0$

Y（$\boldsymbol{v}_1$，$\boldsymbol{v}_2$，$\boldsymbol{v}_3$）——凸性生产可能性集合。其中，有 $I \leqslant J$，$I = I_1 + I_2$；$J = J_1 + J_2 + J_3$。

由此解得

$$\boldsymbol{x} = f(\boldsymbol{p}; \boldsymbol{v})$$

这里，$\boldsymbol{x}$——产出数量集合，$x = [x_1, x_2]$；

$\boldsymbol{p}$——价格集合，$p = [p_1, p_2]$；

$\boldsymbol{v}$——经济容量集合，$v = [v_1, v_2, v_3]$。

并可以进而求得

$$G = \pi(\boldsymbol{p}; f(\boldsymbol{p}; \boldsymbol{v})) = \pi(\boldsymbol{p}; \boldsymbol{v})$$

这里，$f(\cdot)$——生产函数集合，$f(\cdot) = [f_1(\cdot), f_2(\cdot)]$。

这里的 $G = \pi(\boldsymbol{p}; f(\boldsymbol{p}; \boldsymbol{v})) = \pi(\boldsymbol{p}; \boldsymbol{v})$ 称为有约束的利润函数的最一般形式，简称 G 函数，是经济学理论核心的最新综合结果，也就是目前经济学最前沿的理论范式。

从上述内容出发，这个 $G = \pi(\boldsymbol{p}; \boldsymbol{v})$ 可以具体化为：

$$G = \pi(\boldsymbol{p}_1, \boldsymbol{p}_2; \boldsymbol{v}_1, \boldsymbol{v}_2, \boldsymbol{v}_3) \tag{2.3}$$

如前所述，式（2.3）便是涉及农业的一般均衡模型的初始描述。这是一个两个部门与双重经济容量耦合的 G 函数。所谓两个部门，是指在市场的结构上着眼于农业与非农业并行；双重经济容量，是指在经济容量的结构上，既突出了消费约束的存在，又突出了包括生态环境在内的宏观制约因素的存在。这两种存在，就经济分析而言，可以视为是处在经济容量的不同层次上的。前者显然是直接存在于市场边缘上的，而后者则处于距离市场较远的外层。

由式（2.1）出发到得出式（2.3）的过程表明，式（2.3）是式（2.1）的对偶形式，它本身就是最优化的结果，或者说，这个 G 函数本身就是一个最优化模型。对其可以展开的进一步的分析，都是针对最优化行为结果所做出的分析[11]。

在这个初始陈述中，如果有 $I_1=J_1$，$\boldsymbol{p}_1=[p_{11},\ p_{12},\ \cdots,\ p_{1I_1}]$，$\boldsymbol{v}_1=[v_{11},\ v_{12},\ \cdots,\ v_{1I_1}]$；$I_2=J_2$，$\boldsymbol{p}_2=[p_{21},\ p_{22},\ \cdots,\ p_{2I_2}]$，$\boldsymbol{v}_2=[v_{21},\ v_{22},\ \cdots,\ v_{2I_2}]$；也就是说，这两个部门的消费约束向量的规模如果分别与它们的产品供给向量相等，那么，必定有 $I\leqslant J$，$I=I_1+I_2$，$J=J_1+J_2+J_3$。由此可以看出，如果有 $I_1=J_1$，$I_2=J_2$，也就有 $I=J-J_3$，那么意味着，式（2.3）对于消费约束向量具有完全解，而对于 J_3，则不一定有完全解。而由于有 $I_1=J_1$，$I_2=J_2$，那么也可以看出，式（2.3）对于这两个部门来说，也分别具有完全解。这意味着，若数据没有明显的不足，那么，式（2.3）应该既有一般均衡的唯一解，也有局部均衡的唯一解。并且，对其所耦合的第二层经济容量 J_3，展开效应分析或作用分析，便可以揭示更深层的经济规律。

近代科学的发展历史表明，科学知识的深入总是沿着数学所解释的逻辑前进的[12]。在物理学世界里，通向更深入的基本知识的道路是同更精密的数学方法相联系的[13]。依据公理化方法，通向更深入的基本知识的道路，在基本结构上就是“定义（definitions）—公理（axioms）—引理（lemma）—命题（propositions）—证明(proof)”的接续进展过程[14]。在数学方法上，便是首先要完成“定理定律—定理定律”的逻辑推导过程。在经济学里，这便是借助核心理论范式首先要完成的数理分析。

迄今为止，经济学已经发现了一些重要的定理和定律，其中，似乎主要有四：第一，自由市场自行调节定律（Law of Free Market Automatic Regulation)；第二，生产可能性集合为凸性定律（Law of convexity of Production Possibility Set)；第三，Hotelling 引理(Hotelling’ s Lemma)；第四，固定替代弹性定律（Law of Constant Elasticity of Substitution，Law of CES)。

体现在 G 函数里，第一个定律导致围绕“市场自由”的初始陈述具有了经济理论核心的科学前提，具体的描述进入了经济学科学理论的框架。第二个定律，即“生产可能性集合的凸性定律”，连同第三个—— Hotelling 引理，使得经济学的理论核心纳入了数学对偶理论的规律之中，从而导致经济学的核心理论范式由 F 函数发展到了新的前沿水平 G 函数。这个发展过程，以至它的直接结果 G 函数本身，有时也被简单地称为“McFadden 定理”。第四个定律，固定替代弹性定律，揭示了经济增长运动背景的平直性，展示出“自由市场自行调节”的真实所在[15]。

由此可以简单地认为，当人们从 G 函数出发，做出了有关规范的初始陈述时，实际上便已经是站在上述第一个和第二个定律的立场之上了。接下来的进一步的分析，在没有更新的定律或定理发现之前，便一定是朝着第三个或第四个定律或定理前进了。自然，在这个进展的道路上，还会发现若干技巧，使科学知识在纵向不断深入的发展中，也不断地在横向上有所丰富。这主要是因为，在这四个重大的定律或定理之外，还可以发现若干推论或特例，借助它们，可以在纲领之间再编织出丰富的网目[16]。

2.3 讨论与结论

运用数学语言，Hotelling 引理和固定替代弹性定律是借助 3 个向量和矩阵来表达的，这便是 Jacobi 向量、Hessian 矩阵和固定替代弹性矩阵。

对于式（2.3），可以得出它的 Jacobi 向量为：

$$\begin{aligned}\boldsymbol{J} &= [\pi_{p_1} \quad \pi_{p_2} \quad \pi_{v_1} \quad \pi_{v_2} \quad \pi_{v_3}] = [\nabla_{p_1}\pi \quad \nabla_{p_2}\pi \quad \nabla_{v_1}\pi \quad \nabla_{v_2}\pi \quad \nabla_{v_3}\pi] \\ &= \left[\frac{\partial \pi}{\partial p_1} \quad \frac{\partial \pi}{\partial p_2} \quad -\frac{\partial \pi}{\partial v_1} \quad -\frac{\partial \pi}{\partial v_2} \quad -\frac{\partial \pi}{\partial v_3}\right] \end{aligned} \tag{2.4}$$

依据 Hotelling 引理，这里的$\frac{\partial \pi}{\partial p_i}=x_i$，$i=1$，2，为产出数量，对应于利润，若为产出，其符号为“+”，若为投入，符号为“－”。$-\frac{\partial \pi}{\partial v_j}=\lambda_j$，$j=1$，2，3，为固定数量的影子利润，也就是经济容量的影子利润，即给定约束条件的内部报酬率[17]。根据自由市场自行调节定律和生产可能性集合的凸性定律，式（2.4）就是式（2.1）～式（2.2）的最优解。显然，依据初始描述，这个 Jacobi 向量中的$\frac{\partial \pi}{\partial p_1}$即为经济体的最优的农产品的供给数量；相应地，$\frac{\partial \pi}{\partial p_2}$为最优的非农产品的供给数量；$-\frac{\partial \pi}{\partial v_1}$为农产品消费数量的影子利润；$-\frac{\partial \pi}{\partial v_2}$为非农产品消费数量的影子利润；$-\frac{\partial \pi}{\partial v_3}$为包括生态环境数量在内的基本资源的影子利润。影子利润所表明的，就是经济区在最优运行结果时，经济内在的所需要的约束数量变化一单位，会给经济整体带来的内部利润报酬率。这里，其值为“—”，说明是支出。

在 Jacobi 向量的基础上，可以得出 Hessian 矩阵为：

$$
\boldsymbol{H}=\begin{bmatrix}
\pi_{p_1p_1} & \pi_{p_1p_2} & \pi_{p_1v_1} & \pi_{p_1v_2} & \pi_{p_1v_3} \\
\pi_{p_2p_1} & \pi_{p_2p_2} & \pi_{p_2v_1} & \pi_{p_2v_2} & \pi_{p_2v_3} \\
\pi_{p_1v_1} & \pi_{p_2v_1} & \pi_{v_1v_1} & \pi_{v_1v_2} & \pi_{v_1v_3} \\
\pi_{p_1v_2} & \pi_{p_2v_2} & \pi_{v_2v_1} & \pi_{v_2v_2} & \pi_{v_2v_3} \\
\pi_{p_1v_3} & \pi_{p_2v_3} & \pi_{v_3v_1} & \pi_{v_3v_2} & \pi_{v_3v_3}
\end{bmatrix}
$$

$$
=\begin{bmatrix}
\nabla_{p_1p_1}{}^2\pi & \nabla_{p_1p_2}{}^2\pi & \nabla_{p_1v_1}{}^2\pi & \nabla_{p_1v_2}{}^2\pi & \nabla_{p_1v_3}{}^2\pi \\
\nabla_{p_2p_1}{}^2\pi & \nabla_{p_2p_2}{}^2\pi & \nabla_{p_2v_1}{}^2\pi & \nabla_{p_2v_2}{}^2\pi & \nabla_{p_2v_3}{}^2\pi \\
\nabla_{p_1v_1}{}^2\pi & \nabla_{p_2v_1}{}^2\pi & \nabla_{v_1v_1}{}^2\pi & \nabla_{v_1v_2}{}^2\pi & \nabla_{v_1v_3}{}^2\pi \\
\nabla_{p_1v_2}{}^2\pi & \nabla_{p_2v_2}{}^2\pi & \nabla_{v_2v_1}{}^2\pi & \nabla_{v_2v_2}{}^2\pi & \nabla_{v_2v_3}{}^2\pi \\
\nabla_{p_1v_3}{}^2\pi & \nabla_{p_2v_3}{}^2\pi & \nabla_{v_3v_1}{}^2\pi & \nabla_{v_3v_2}{}^2\pi & \nabla_{v_3v_3}{}^2\pi
\end{bmatrix}
$$

$$
=\begin{bmatrix}
\frac{\partial^2\pi}{\partial p_1\partial p_1} & \frac{\partial^2\pi}{\partial p_2\partial p_1} & -\frac{\partial^2\pi}{\partial v_1\partial p_1} & -\frac{\partial^2\pi}{\partial v_2\partial p_1} & -\frac{\partial^2\pi}{\partial v_3\partial p_1} \\
\frac{\partial^2\pi}{\partial p_1\partial p_2} & \frac{\partial^2\pi}{\partial p_2\partial p_2} & -\frac{\partial^2\pi}{\partial v_1\partial p_2} & -\frac{\partial^2\pi}{\partial v_2\partial p_2} & -\frac{\partial^2\pi}{\partial v_3\partial p_2} \\
-\frac{\partial^2\pi}{\partial p_1\partial v_1} & -\frac{\partial^2\pi}{\partial p_2\partial v_1} & \frac{\partial^2\pi}{\partial v_1\partial v_1} & \frac{\partial^2\pi}{\partial v_2\partial v_1} & \frac{\partial^2\pi}{\partial v_3\partial v_1} \\
-\frac{\partial^2\pi}{\partial p_1\partial v_2} & -\frac{\partial^2\pi}{\partial p_2\partial v_2} & \frac{\partial^2\pi}{\partial v_1\partial v_2} & \frac{\partial^2\pi}{\partial v_2\partial v_2} & \frac{\partial^2\pi}{\partial v_3\partial v_2} \\
-\frac{\partial^2\pi}{\partial p_1\partial v_3} & -\frac{\partial^2\pi}{\partial p_2\partial v_3} & \frac{\partial^2\pi}{\partial v_1\partial v_3} & \frac{\partial^2\pi}{\partial v_2\partial v_3} & \frac{\partial^2\pi}{\partial v_3\partial v_3}
\end{bmatrix}
\tag{2.5}
$$

由 Hessian 矩阵可以得出替代弹性矩阵为：

$$
\boldsymbol{S}=\begin{bmatrix}
\sigma_{p_1p_1} & \sigma_{p_1p_2} & \sigma_{p_1v_1} & \sigma_{p_1v_2} & \sigma_{p_1v_3} \\
\sigma_{p_1p_2} & \sigma_{p_2p_2} & \sigma_{p_2v_1} & \sigma_{p_2v_2} & \sigma_{p_2v_3} \\
\sigma_{p_1v_1} & \sigma_{p_2v_1} & \sigma_{v_1v_1} & \sigma_{v_1v_2} & \sigma_{v_1v_3} \\
\sigma_{p_1v_2} & \sigma_{p_2v_2} & \sigma_{v_1v_2} & \sigma_{v_2v_3} & \sigma_{v_2v_3} \\
\sigma_{p_1v_3} & \sigma_{p_2v_3} & \sigma_{v_1v_3} & \sigma_{v_2v_3} & \sigma_{v_3v_3}
\end{bmatrix}
$$

$$
=\pi\begin{bmatrix}
\pi_{p_1}{}^{-1}\pi_{p_1p_1}\pi_{p_1}{}^{-1} & \pi_{p_1}{}^{-1}\pi_{p_1p_2}\pi_{p_2}{}^{-1} & \pi_{p_1}{}^{-1}\pi_{p_1v_1}\pi_{v_1}{}^{-1} & \pi_{p_1}{}^{-1}\pi_{p_1v_2}\pi_{v_2}{}^{-1} & \pi_{p_1}{}^{-1}\pi_{p_1v_3}\pi_{v_3}{}^{-1} \\
\pi_{p_1}{}^{-1}\pi_{p_1p_2}\pi_{p_2}{}^{-1} & \pi_{p_2}{}^{-1}\pi_{p_2p_2}\pi_{p_2}{}^{-1} & \pi_{p_2}{}^{-1}\pi_{p_2v_1}\pi_{v_1}{}^{-1} & \pi_{p_2}{}^{-1}\pi_{p_2v_2}\pi_{v_2}{}^{-1} & \pi_{p_2}{}^{-1}\pi_{p_2v_3}\pi_{v_3}{}^{-1} \\
\pi_{p_1}{}^{-1}\pi_{p_1v_1}\pi_{v_1}{}^{-1} & \pi_{p_2}{}^{-1}\pi_{p_2v_1}\pi_{v_1}{}^{-1} & \pi_{v_1}{}^{-1}\pi_{v_1v_1}\pi_{v_1}{}^{-1} & \pi_{v_1}{}^{-1}\pi_{v_1v_2}\pi_{v_2}{}^{-1} & \pi_{v_1}{}^{-1}\pi_{v_1v_3}\pi_{v_3}{}^{-1} \\
\pi_{p_1}{}^{-1}\pi_{p_1v_2}\pi_{v_2}{}^{-1} & \pi_{p_2}{}^{-1}\pi_{p_2v_2}\pi_{v_2}{}^{-1} & \pi_{v_1}{}^{-1}\pi_{v_1v_2}\pi_{v_2}{}^{-1} & \pi_{v_2}{}^{-1}\pi_{v_2v_2}\pi_{v_2}{}^{-1} & \pi_{v_2}{}^{-1}\pi_{v_2v_3}\pi_{v_3}{}^{-1} \\
\pi_{p_1}{}^{-1}\pi_{p_1v_3}\pi_{v_3}{}^{-1} & \pi_{p_2}{}^{-1}\pi_{p_2v_3}\pi_{v_3}{}^{-1} & \pi_{v_1}{}^{-1}\pi_{v_1v_3}\pi_{v_3}{}^{-1} & \pi_{v_2}{}^{-1}\pi_{v_2v_3}\pi_{v_3}{}^{-1} & \pi_{v_3}{}^{-1}\pi_{v_3v_3}\pi_{v_3}{}^{-1}
\end{bmatrix}
\tag{2.6}
$$

这里的式（2.5）与式（2.6）分别示出了经济因子之间内部存在的效应关系和替代弹性系数关系。其中，式（2.6）中的每个元素表示其所对应的两个因子之间存在的替代比例值，即替代弹性。容易证明，这些替代弹性值，一经初始陈述所给定，它们就会固定下来。例如，如果式（2.3）变成了

$$G=\pi(\boldsymbol{a}_1\boldsymbol{p}_1,\boldsymbol{p}_2;\boldsymbol{v}_1,\boldsymbol{v}_2,\boldsymbol{v}_3(b_3))$$

这里，$\boldsymbol{a}_1$——标量矩阵，$\boldsymbol{a}_1=\begin{bmatrix} a_{11} & 0 & \cdots & 0 \\ 0 & a_{12} & 0 & 0 \\ \cdots & 0 & \cdots & 0 \\ 0 & 0 & 0 & a_{1I_1} \end{bmatrix}$；

$\boldsymbol{b}_3$——向量，$\boldsymbol{b}_3=[b_{31}, b_{32}, \cdots, b_{3N}]$。

那么，将有

$$\sigma_{a_1p_1v_3(b_3)}=\pi\left(\frac{\partial\pi}{\partial p_1}a_1\right)^{-1}\left[-\frac{\partial^2\pi}{\partial p_1\partial v_3}a_1\left(\sum_{l=1}^{N}\frac{\partial v_3}{\partial b_{3l}}\right)\right]\left[-\frac{\partial\pi}{\partial v_3}\left(\sum_{l=1}^{N}\frac{\partial v_3}{\partial b_{3l}}\right)\right]^{-1}$$

$$=\pi\left(\frac{\partial\pi}{\partial p_1}\right)^{-1}\left(-\frac{\partial^2\pi}{\partial p_1\partial v_3}\right)\left(-\frac{\partial\pi}{\partial v_3}\right)^{-1}$$

$$=\pi\pi_{p_1}{}^{-1}\pi_{p_1v_3}\pi_{v_3}{}^{-1}$$

根据定义，替代弹性值所表示的是，在给定点上，一个增长的经济体中，一个变量增长百分之一可以导致另一个变量减少（或增加）百分之几。固定替代弹性定律的发现，说明这种替代是固定的，即对于增长的经济来说，实际上存在着一个不变的背景，经济增长的变化会呈现为各有关因子的增长率的不平衡变化，但不会导致本底背景的变化，经济世界的背后存在着一个不变的比例关系。

这也就是说，一旦经济体具备了初始的可运行条件，经济因子便会保持它们之间固定的尺度，向着一种可行的相互相容的状态运行。这也就是经济的正则性（Regulation）。正是由于这个正则性的存在，致使“自由市场自行调节”是一个“自然法则”。

固定替代弹性定律的发现，导致对最基本经济容量的变化规律，特别是对有关可持续发展的问题可以获得很深入的认识。因为固定替代弹性规律的存在，导致基本经济容量的变化必定遵循下列规律，即

在经济运行的基准点 $t=0$ 时，有

$\Delta r_{v_3}(0)=\min\{\sigma_{p_1v_3}r_{p_1}(0),\ \sigma_{p_2v_3}r_{p_2}(0)\}-\max\{\sigma_{v_1v_3}r_{v_1}(0),\ \sigma_{v_2v_3}r_{v_2}(0)\}$

令 $r_{p_1}(0)=r_{p_2}(0)=r_{v_1}(0)=r_{v_2}(0)=1$，得出

$\Delta r_{v_3}(0)=\min\{\min\limits_h\{\sigma_{p_{1h}v_3}\},\ \min\limits_k\{\sigma_{p_{2k}v_3}\}\}-\max\left\{\max\limits_m\{\sigma_{v_{1m}v_3}\},\ \max\limits_n\{\sigma_{v_{2n}v_3}\}\right\}=\sigma_{p_Hv_3}-\sigma_{v_Mv_3}$

$h=1, 2, \cdots, I_1$；$k=1, 2, \cdots, I_2$；$m=1, 2, \cdots, J_1$；$n=1, 2, \cdots, J_2$；$p_H \in p$，$v_M \in v$。

在经济运行的 $t>0$ 上，有

$$e^{\beta t} \Delta r_{v_3}(0) = \sigma_{p_H v_3} e_{p_H}{}^{\alpha t} - \sigma_{v_M v_3} e_{v_M}{}^{\gamma t}$$

这里的 α、β、γ 便是在统一不变的尺度——固定替代弹性下，经济自身确定的因子增长速率。如果市场是完全自由的，那么这里的 α 是自然产生的，没有受到其他任何人为因素的干预；消费是受制的，它受到了人为调节的作用，是人为干预的结果。这样，显然，β 便是“自由”与“人为调节”共同干预下的产物了。另外，就经济的基本容量而言，或者就基本资源来说，它们自身的变化，也应该是随时受到人们的监督和调节的。由此，在实际经济运行中，人们实际上可以观察到的经济基本容量的增长率，是受到人们额外监督和调节后的增长率 β^*，它与经济自身所确定的增长率 β 会有些差别，即可能有 $\beta>\beta^*$、$\beta=\beta^*$ 和 $\beta<\beta^*$ 三种情况。显然，对照 $\beta=\beta^*$，另外两种情况必定属于对经济最优效率的偏离。这两种偏离中的哪一种，在方向和程度上是经济运行所允许的，要视基本资源的性质和数量而定。由此，也就决定了宏观调控对经济运行的意义和基本切入点之所在。

若观察到有 $\beta \neq \beta^*$，那么，由

$$\frac{e^{\beta t}}{e^{\beta^* t}} \Delta r_{v_3}(0) = \sigma_{p_H v_3} \frac{e_{p_H}{}^{\alpha t}}{e^{\beta^* t}} - \sigma_{v_M v_3} \frac{e_{v_M}{}^{\gamma t}}{e^{\beta^* t}}$$

即有

$$e^{\beta t - \beta^* t} = \frac{\sigma_{p_H v_3}}{\Delta r_{v_3}(0)} e_{p_H}{}^{\alpha t - \beta^* t} - \frac{\sigma_{v_M v_3}}{\Delta r_{v_3}(0)} e_{v_M}{}^{\gamma t - \beta^* t}$$

由经济正则运行的要求可知，这里存在着

$$e^{\beta t-\beta^* t} \geqslant (/\leqslant) 1$$

$$\frac{\sigma_{p_H v_3}}{\Delta r_{v_3}(0)} e_{p_H}{}^{\alpha t-\beta^* t} \geqslant (/\leqslant) 1$$

$$\frac{\sigma_{v_M v_3}}{\Delta r_{v_3}(0)} e_{v_M}{}^{\gamma t-\beta^* t} \geqslant (/\leqslant) 1$$

也就是

$$\beta-\beta^* \geqslant (/\leqslant) 0$$

$$\alpha-\beta^* \geqslant (/\leqslant) \frac{\ln\Delta r_{v_3}(0)-\ln\sigma_{p_H v_3}}{t}$$

$$\gamma-\beta^* \geqslant (/\leqslant) \frac{\ln\Delta r_{v_3}(0)-\ln\sigma_{v_M v_3}}{t}$$

如果需要进行调节，那么就是求解

$$\min s(\beta^*, \gamma) = \beta-\beta^*$$

s. t.

$$\beta-\beta^* \geqslant (/\leqslant) 0$$

$$\alpha-\beta^* \geqslant (/\leqslant) \frac{\ln\Delta r_{v_3}(0)-\ln\sigma_{p_H v_3}}{t}$$

$$\gamma-\beta^* \geqslant (/\leqslant) \frac{\ln\Delta r_{v_3}(0)-\ln\sigma_{v_M v_3}}{t}$$

这里，β^* 和 γ 为变量，其余的 α、β、$\Delta r_{v_3}(0)$、$\sigma_{p_H v_3}$、$\sigma_{v_M v_3}$ 和 t 均为常量或参数。

求得的结果 $\hat{\beta}^*$ 和 $\hat{\gamma}$ 将表明，若从基本经济容量和特定生产的消费预算入手，依照这个结果进行调节，便可以使经济整体效率有所提高。

在上述过程中，农业是否具有对经济基本容量的增长率具有直接的决定性，以及是否需要由此确定通过对农业的有关调节，来提高经济的整体效率，都是借助两个部门—双重经济容量的初始陈述来引导的。在这样的引导之下，有关农业产品供给的测度、市场表现，以及与非农业部门的基本关系等，均可得到有效的分析。

综合上述内容，可以得出的最基本的结论是，在 G 函数引导下，两个部门—双重经济容量的初始陈述，将是农业经济学理论范式的最基本形式，会成为该学科科学发展的强劲推动力。

参考文献

[1] 孙中才．外贸顺差与通货膨胀［J］．山东财政学院学报，2011（3）：5-9.

[2] Gorman，W．．Measuring the quantities of fixed factors［M］// J. N. Wolfe. Value，Capital and Growth：Papers in honor of Sir John Hicks. Aldine Publishing Co. Chicago，1968：141-172.

[3] McFadden，D．．Cost，Revenue and Profit Functions［M］// M. Fuss and D. McFadden. Production Economics：A Dual Approach to Theory and Applications，Volume 1，The Theory of Production. North－Holland Publishing Company：Amsterdam · New York · Oxford，1978：4.

[4] W. E. Diewert. A Brief Survey of Duality Theory，Discussion Paper［N］. No. 86－13，April 1986，Department of Economics，The University of British Columbia Vancouver，Canada V6T 1Y2.

[5] McFadden，D．．Free Markets and Fettered Consumers，Presidential Address at the Hundred Seventeenth Meeting of the American Economic Association，January 7，2006，Boston，MA.

[6] Samuelson，P．．Economics［M］. New York：McGraw－Hill，1957：152-157.

[7] 孙中才．理论农业经济学［M］．北京：中国人民大学出版社，1998：21.

[8] 孙中才．科学与农业经济学［M］．中国农业出版社，2009：72-73.

[9] 孙中才．生态安全与农业发展［J］．汕头职业技术教育论坛，2010（3）：3-7.

［10］孙中才．G 函数与新古典—两部门分析［J］．汕头大学学报（人文社会科学版），2009（1）：66-69.

［11］孙中才．农业经济数理分析［M］．北京：中国农业出版社，2006：175.

［12］布洛姆雷．物理学［M］// D．J．凯福尔斯，J．L．斯托尔乔，等．美国科学家论近代科技．范岱年，孟长麟，等译．北京：科学普及出版社，1987：87.

［13］Einstein，A.．Autobiographical Notes，in：Einstein，Albert，Philosopher—Scientist，P．A．Schipp，ed.，open court，evenston，Ⅲ，1949.

［14］孙中才．公理化与规范性［M］//，农业经济学讲义（硕士研究生试用），中国人民大学农业经济系，2006：91-92.

［15］孙中才．粮食安全与耕地保护［J］．汕头职业技术教育论坛，2010（1）：3-7.

［16］孙中才．科技进步与通货膨胀［J］．山东财政学院学报，2011（4）：5-10.

［17］Hotelling，H.．Edge worth’s taxation paradox and the nature of demand and supply functions［J］．J．Political Economy，1932（40）：577-616.

第3章　宏观干预与农业发展

3.1　引　言

考察近代以来经济发展的历史，人们不难发现这样的事实，随着经济工业化的不断进步，社会宏观管理性措施不断形成和发展着，很明显的现象是，政府和社会其他管理机构通过立法、指令和建议、示范等措施，对全社会或某些重要部门加以限制、激励、说服和引导的工作越来越广泛，越来越深入，其作用也越来越明显[1]。从经济学的角度来看，这些措施可以归类为广义的“干预”。干预对经济增长的作用是明显的。而且，更为重要的是，干预通常是与制度创新联系在一起的。“对经济增长的研究就是对制度创新的研究。这种制度创新能够减少交换活动的交易（生产）成本，从而实现日益复杂的交换活动。”[2]

在工业化经济的宏观干预中，一个不小的成分，甚至相当大的成分，是对农业经济的干预。其中，最为明显的是有关立法、指令和政府有关规定的大量而频繁的出现[3]。事实表明，这些干预是经济发展所必需的，其本身通常呈现为一个理性发展的过程，其作用通常是明显而持久的[4]。工业化经济的进展，导致农业小部门化和附属性的发展。然而却令农业日益成为技术传递和价格传递的焦点，成为经济协调发展的重要指示器，致使对农业经济的干预成了协调整体经济运行的关键性的切入点之一[5][6]。

对经济的干预，是人们早已发现了的事实。然而，在经济学科学性发展的初期，在形式化上还没有取得足够的进步时，对经济的干预与对市场的干预，还难以区分开来。因此，这不仅直接影响了有关概念的精确化，也通常间接地给已有的科学阐述的准确性带来困难，从而造成一定的理论混乱[7][8]。

能够看到，G 函数的确立，为我们提供了一个“经济干预不等于市场干预”的形式化手段，为我们全面地考察非市场干预创造了可能[9]。这主要是因为，G 函数可以把技术、市场和固定数量统一在一个模型里，从而使有关分析可以在综合的框架里进行。并且，能够在数学所给定的概念基础上，令经济学的有关定理和已经探明的规律得到更加明确和更加精确地表达，也更利于进一步的分析。总之，从结构陈述到效应分析，G 函数已经为宏观干预效果的探索准备了便利的手段。

以下部分将以 G 函数为出发点，对宏观干预的情况进行陈述，然后对其效应进行分析，进而得出某些测度和概念，为后续的可能研究奠定一个数理分析的基础。

3.2　干预陈述与干预效应

以显示技术和固定投入数量的概念为基础，在 G 函数的框架下，可以具体地写出一个 GNP 模型：

$$G = \pi(\boldsymbol{a}_1 \boldsymbol{p}_1 \quad \boldsymbol{a}_2 \boldsymbol{p}_2; \quad \boldsymbol{v})$$

这里，$\pi(\cdot)$——可变利润；

$\boldsymbol{a}_1$——农业部门的技术；

$\boldsymbol{p}_1$——农业产出的价格；

$\boldsymbol{a}_2$——非农业部门的技术；

$\boldsymbol{p}_2$——非农产出的价格；

$\boldsymbol{v}$——固定投入数量向量。

式中，把技术变量直接写为价格的系数形式，是因为具体产业的技术变化能够以同样方法化为具体产业的价格增长模型[10]。

依据亚当·斯密（A. Smith，1723—1790）所阐明的经济学原理“自由市场自行调节”，在保持市场自由的情况下，人们对经济所施加的干预，在上述的G函数里，总起来讲可以呈现为

$$G=\pi(\boldsymbol{a}_1(\boldsymbol{m}_1)\boldsymbol{p}_1 \quad \boldsymbol{a}_2(\boldsymbol{m}_2)\boldsymbol{p}_2; \quad \boldsymbol{v}_1(\boldsymbol{m}_3), \boldsymbol{v}_2(\boldsymbol{m}_4), \boldsymbol{v}_3(\boldsymbol{m}_5), \boldsymbol{v}_4(\boldsymbol{m}_6), \boldsymbol{v}_5(\boldsymbol{m}_7), \boldsymbol{v}_6(\boldsymbol{m}_8)) \tag{3.1}$$

式中，$\boldsymbol{m}_1$——对农业技术的干预；

$\boldsymbol{m}_2$——对非农业技术的干预；

$\boldsymbol{v}_1(\cdot)$——土地数量，

$\boldsymbol{m}_3$——对土地的干预；

$\boldsymbol{v}_2(\cdot)$——农业劳动力，

$\boldsymbol{m}_4$——对农业劳动力的干预；

$\boldsymbol{v}_3(\cdot)$——农业资本，

$\boldsymbol{m}_5$——对农业资本的干预；

$\boldsymbol{v}_4(\cdot)$——非农业劳动力，

$\boldsymbol{m}_6$——对非农业劳动力的干预；

$\boldsymbol{v}_5(\cdot)$——非农业资本，

$\boldsymbol{m}_7$——对非农业资本的干预；

$\boldsymbol{v}_6(\cdot)$——农产品质量约束，

$\boldsymbol{m}_8$——对农产品质量的干预。

显然，式（3.1）中关于技术、市场及其有关干预的独立变量共有6个，相应地，依据约束条件的数目不少于变量个数的要求，这里考虑了6个固定投入数量，即$\boldsymbol{v}_1(\cdot)$，…，$\boldsymbol{v}_6(\cdot)$。所谓干预，就是给所对应的经济因子所施加的干预措施，在其他条件均不变的情况下，这种干预成了对这个因子的决定因素，即由它们分别决定着式（3.1）中可干预的诸项因子的变化。这样，干预m_1，…，m_8分别成了它们所对应的技术和固定投入数量的因变量。而市场仍然

是自由的，市场因子 $\boldsymbol{p}_1$ 和 $\boldsymbol{p}_2$ 没有被施加干预。①

另外，由 $\boldsymbol{v}_1(\cdot)$，…，$\boldsymbol{v}_6(\cdot)$ 所定义的基本内容可以看出，这是重点考虑了土地、劳动力和资本这 3 个要素的经济分析出发点，再加上考察式（3.1）的其他成分，因而可以认为，式（3.1）是一个两部门的显示技术的古典主义经济分析模型。

为便于阐述和分析，设没有任何干预的情况是

$$G=\pi(\boldsymbol{a}_1\boldsymbol{p}_1\quad \boldsymbol{a}_2\boldsymbol{p}_2;\quad \boldsymbol{v}_1,\boldsymbol{v}_2,\boldsymbol{v}_3,\boldsymbol{v}_4,\boldsymbol{v}_5,\boldsymbol{v}_6) \tag{3.2}$$

由式（3.1），可以得出它的 Jacobi 向量为：

$$\boldsymbol{J}=\Big[\frac{\partial \pi}{\partial p_1}a_1(m_1)+\frac{\partial \pi}{\partial a_1}\frac{\partial a_1}{\partial m_1}p_1,\ \frac{\partial \pi}{\partial p_2}a_2(m_2)+\frac{\partial \pi}{\partial a_2}\frac{\partial a_2}{\partial m_2}p_2;$$
$$\frac{\partial \pi}{\partial v_1}\frac{\partial v_1}{\partial m_3},\ \frac{\partial \pi}{\partial v_2}\frac{\partial v_2}{\partial m_4},\ \frac{\partial \pi}{\partial v_3}\frac{\partial v_3}{\partial m_5},\ \frac{\partial \pi}{\partial v_4}\frac{\partial v_4}{\partial m_6},\ \frac{\partial \pi}{\partial v_5}\frac{\partial v_5}{\partial m_7},\ \frac{\partial \pi}{\partial v_6}\frac{\partial v_6}{\partial m_8}\Big] \tag{3.3}$$

同理，由式（3.2）得出的 Jacobi 向量为

$$\boldsymbol{J}=\begin{bmatrix}\frac{\partial \pi}{\partial p_1}a_1+\frac{\partial \pi}{\partial a_1}p_1,\ \frac{\partial \pi}{\partial p_2}a_2+\frac{\partial \pi}{\partial a_2}p_2;\ -\frac{\partial \pi}{\partial v_1},\ -\frac{\partial \pi}{\partial v_2},\\ -\frac{\partial \pi}{\partial v_3},\ -\frac{\partial \pi}{\partial v_4},\ -\frac{\partial \pi}{\partial v_5},\ -\frac{\partial \pi}{\partial v_6}\end{bmatrix} \tag{3.4}$$

于是，由式（3.3）与式（3.4）的差得出以下各式，并根据 Hotelling 定理给出它们各自的定义：

$$\begin{aligned}x_{1m_1}&=\frac{\partial \pi}{\partial p_1}a_1(m_1)+\frac{\partial \pi}{\partial a_1}\frac{\partial a_1}{\partial m_1}p_1-\left(\frac{\partial \pi}{\partial p_1}a_1+\frac{\partial \pi}{\partial a_1}p_1\right)\\&=(a_1(m_1)-a_1)\frac{\partial \pi}{\partial p_1}+\left(\frac{\partial a_1}{\partial m_1}-1\right)\frac{\partial \pi}{\partial a_1}p_1\end{aligned} \tag{3.5}$$

① 由此，似乎也可以得出这样的认识，即“自由的市场”与“自由的经济”是两个不同的概念。“自由的市场”不等于“自由的经济”。由 G 函数来表明的这些概念，对于我们理解当今经济学的科学性，进而认识以往某些说法的不明确，及其在形式上的不准确，实在是太重要了。

式中，$\boldsymbol{x}_{1m_1}$——干预 $\boldsymbol{m}_1$ 的效果。即在 $\boldsymbol{m}_1$ 干预下所得出的农产品供给数量与没有这种干预时农产品供给数量的差；

$$\boldsymbol{x}_{2m_2}=\frac{\partial \pi}{\partial p_2}a_2(m_2)+\frac{\partial \pi}{\partial a_2}\frac{\partial a_2}{\partial m_2}p_2-\left(\frac{\partial \pi}{\partial p_2}a_2+\frac{\partial \pi}{\partial a_2}p_2\right)$$

$$=(a_2(m_2)-a_2)\frac{\partial \pi}{\partial p_2}+\left(\frac{\partial a_2}{\partial m_2}-1\right)\frac{\partial \pi}{\partial a_2}p_2 \tag{3.6}$$

式中，$\boldsymbol{x}_{2m_2}$——干预 $\boldsymbol{m}_2$ 的效果。即在 $\boldsymbol{m}_2$ 干预下所得出的非农产品供给数量与没有这种干预时非农产品供给数量的差；

$$\boldsymbol{\lambda}_{v_{1m_3}}=\frac{\partial \pi}{\partial v_1}\frac{\partial v_1}{\partial m_3}-\left(-\frac{\partial \pi}{\partial v_1}\right)=\left(\frac{\partial v_1}{\partial m_3}+1\right)\left(\frac{\partial \pi}{\partial v_1}\right) \tag{3.7}$$

式中，$\boldsymbol{\lambda}_{v_{1m_3}}$——干预 $\boldsymbol{m}_3$ 的效果。即在 $\boldsymbol{m}_3$ 干预下所得出的土地的影子利润与没有这种干预时土地的影子利润的差；

$$\boldsymbol{\lambda}_{v_{2m_4}}=\frac{\partial \pi}{\partial v_2}\frac{\partial v_2}{\partial m_4}-\left(-\frac{\partial \pi}{\partial v_2}\right)=\left(\frac{\partial v_2}{\partial m_4}+1\right)\left(\frac{\partial \pi}{\partial v_2}\right) \tag{3.8}$$

式中，$\boldsymbol{\lambda}_{v_{2m_4}}$——干预 $\boldsymbol{m}_4$ 的效果。即在 $\boldsymbol{m}_4$ 干预下所得出的农业劳动力的影子利润与没有这种干预时农业劳动力的影子利润的差；

$$\boldsymbol{\lambda}_{v_{3m_5}}=\frac{\partial \pi}{\partial v_3}\frac{\partial v_3}{\partial m_5}-\left(-\frac{\partial \pi}{\partial v_3}\right)=\left(\frac{\partial v_3}{\partial m_5}+1\right)\left(\frac{\partial \pi}{\partial v_3}\right) \tag{3.9}$$

式中，$\boldsymbol{\lambda}_{v_{3m_5}}$——干预 $\boldsymbol{m}_5$ 的效果。即在 $\boldsymbol{m}_5$ 干预下所得出的农业资本的影子利润与没有这种干预时农业资本的影子利润的差；

$$\boldsymbol{\lambda}_{v_{4m_6}}=\frac{\partial \pi}{\partial v_4}\frac{\partial v_4}{\partial m_6}-\left(-\frac{\partial \pi}{\partial v_4}\right)=\left(\frac{\partial v_4}{\partial m_6}+1\right)\left(\frac{\partial \pi}{\partial v_4}\right) \tag{3.10}$$

式中，$\boldsymbol{\lambda}_{v_{4m_6}}$——干预 $\boldsymbol{m}_6$ 的效果。即在 $\boldsymbol{m}_6$ 干预下所得出的非农业劳动力的影子利润与没有这种干预时非农业劳动力的影子利润的差；

$$\boldsymbol{\lambda}_{v_{5m_7}}=\frac{\partial \pi}{\partial v_5}\frac{\partial v_5}{\partial m_7}-\left(-\frac{\partial \pi}{\partial v_5}\right)=\left(\frac{\partial v_5}{\partial m_7}+1\right)\left(\frac{\partial \pi}{\partial v_5}\right) \tag{3.11}$$

式中，$\boldsymbol{\lambda}_{v_{5m_7}}$——干预 $\boldsymbol{m}_7$ 的效果。即在 $\boldsymbol{m}_7$ 干预下所得出的非农业资本的影子利润与没有这种干预时非农业资本的影子利润的差。

3.3　讨论与结论

本章的开头，在显示技术的两部门利润函数中，通过引进干预变量，构造出了一个初始模型，试图用它来对这些干预的效果进行分析。为此，我们根据古典主义经济的结构，在约束条件中确定土地、劳动力和资本为固定投入数量。确切地讲，这里所说的古典主义经济结构，主要是针对农业来考虑的，而对非农业则仍旧考虑为是新古典主义的，即只考虑了劳动力和资本这两个要素，而没有考虑土地这个要素。由此得出了一个古典主义经济的 G 函数模型。继之，根据亚当·斯密所阐明的“自由市场自由调节”的经济学原理，对这个 G 函数模型的变量和约束条件，除价格变量外，均引进了宏观的干预变量，并将这些被引进干预变量的技术和固定数量（土地等）分别写成了其所对应的干预变量的函数。于是，我们得到了一个可以用来解释和分析干预效应的初始结构，见式（3.1）。为便于阐述和理解，我们设定了一个比对基础，即把未引进干预变量的模型定义为没有宏观干预的情况，见式（3.2）。这样，实际上是为宏观干预给定了一个基准，暗中把干预效果看作对这个基准的偏离。确切地讲，是对这个基准内涵结构的对应性偏离。

为了表明这些对应性偏离，首先得出了干预效果的一阶导数，即它的 Jacobi 向量，并依据 Hotelling 定理，对其各个分量的经济学意义做出了解释。同时，也得出了基准模型的相应 Jacobi 向量。进而，对照基准，将宏观干预的效果定义为对没有这种干预情况的差，并使内涵结构里相对的偏离得到了精确的表示，从而给出了关于这些干预的效果的定义和测度。

对于这些干预变量 $\boldsymbol{m}_1$，…，$\boldsymbol{m}_8$，似乎可以做出这样的分析：首先，就实际观测值而言，它们可能涉及两类数据：（i）定性的逻辑数据，如立法、指令等；（ii）定量的数值数据，如财政支持、政府拨款和民间融资等。其次，可以预先分析出它们基本作用的特点和对象所在。如关于土地的立法和政府指令等，似乎会主要构成 $\boldsymbol{m}_3$，其主要作用于土地固定数量；而其余的则可以主要由数值数据来反映，如政府宏观控制的技术的开发和推广——R&D 的投入数量，明显地是对农业与非农业这两个部门的技术所实施的干预；类似地，政府直接的和间接的对有关劳动力和资本数量的调节，也可以用类似的投入数量来反映，并且其作用对象是明显的[11]。不过，这些干预可能是各具特点的，致使其作用对象的特征不同，导致分析结果的精确性也不同。为此，对这些干预的特点应该予以注意。例如，因为技术的开发和推广可能会呈现为长期的事先的投入，因而，$\boldsymbol{m}_1$ 和 $\boldsymbol{m}_2$ 在模型中可能应被处理为滞后变量。其余 6 个描述干预的变量，即对农业劳动力的干预 $\boldsymbol{m}_4$ 和对农业资本的干预 $\boldsymbol{m}_5$ 等，似乎皆可以处理为即时变量，如对农户的收入补贴，便可以视作对农业劳动力的即时干预，而农业生产中的其他成本补贴或税收减免等即可以视作关于农业资本的即时干预。

在一般情况下，宏观干预的效果，对于农业经济来说，都应该是正向的，即可以假设干预的目的都是保证和促进农业增长的。对此，在现实经济实践中是很容易理解的，而在理论方面，这也是很容易证明的。在上述各项干预中，无疑对技术的干预通常不会很简单，结果也不会很直观。不失一般性，我们以农业技术的情况来做如下分析。

能够知道，如同一切生产函数一样，$\boldsymbol{m}_1$ 为一个符合经济定义的凸集，a_1 是定义于其上的拟凹函数。那么，$\boldsymbol{a}_1$ 必定具有如下性质：(i) 非负的；(ii) 连续的二次可微的，并且是报酬递减的；(iii) 在 $\boldsymbol{m}_1$ 上，是非减的；(iv) 在 $\boldsymbol{v}_j$ ($j=1, 2, \cdots, 5$) 上，是非增的[12]。

这样，在式 (3.5) 中，一般地，有 $\boldsymbol{a}_1 \geqslant 1$，根据技术的定义；和 $\frac{\partial a_1}{\partial m_1} \to 0$，根据拟凹函数的性质 (ii)。于是，如果有：

$$
\begin{aligned}
x_{1m_1} &= \frac{\partial \pi}{\partial p_1} a_1(m_1) + \frac{\partial \pi}{\partial a_1}\frac{\partial a_1}{\partial m_1} p_1 - \left(\frac{\partial \pi}{\partial p_1} a_1 + \frac{\partial \pi}{\partial a_1} p_1\right) \\
&= [a_1(m_1) - a_1]\frac{\partial \pi}{\partial p_1} + \left(\frac{\partial a_1}{\partial m_1} - 1\right)\frac{\partial \pi}{\partial a_1} p_1 \\
&< 0
\end{aligned}
\tag{3.12}
$$

而根据供给量的定义，这里必定有$\frac{\partial \pi}{\partial a_1} p_1 > 0$和$\frac{\partial \pi}{\partial p_1} > 0$，加上$a_1 \geqslant 1$和$\frac{\partial a_1}{\partial m_1} \to 0$。于是，要保证式（3.12）成立，一般地，有$1 \leqslant a_1(m_1) \leqslant a_1$，取决于拟凹函数的性质（i）和（iii）。特别是，当$a_1(m_1) = a_1$时，式（3.12）必定成立。这意味着，试图通过干预保持技术水平不变，以便保持供给水平不变的做法，是行不通的。若其他条件不变，对技术的保守性干预，必定导致供给水平下降。显然，由此也可以看出，若其他条件均不变，没有对技术的积极干预，供给水平会自然下降。

相反，若有：

$$
\begin{aligned}
x_{1m_1} &= \frac{\partial \pi}{\partial p_1} a_1(m_1) + \frac{\partial \pi}{\partial a_1}\frac{\partial a_1}{\partial m_1} p_1 - \left(\frac{\partial \pi}{\partial p_1} a_1 + \frac{\partial \pi}{\partial a_1} p_1\right) \\
&= [a_1(m_1) - a_1]\frac{\partial \pi}{\partial p_1} + \left(\frac{\partial a_1}{\partial m_1} - 1\right)\frac{\partial \pi}{\partial a_1} p_1 \\
&\geqslant 0
\end{aligned}
\tag{3.13}
$$

那么，式（3.13）中必定存在着$a_1(m_1) > a_1 \geqslant 1$，且$a_1(m_1)$必定大到足够水平。这意味着，即使要保持供给水平不变，对技术的干预也必须是积极的，并要保证这种干预的结果达到一定的水平。反过来讲，若对技术的干预是积极的，但尚不能达到一定水平，其结果仍会使供给水平下降。干预是积极的，技术没有恶化，甚至仍在进步，但若程度不足，供给水平也会衰退。干预要奏效，就应该是积极而努力的。当然，旨在使产出衰退，或令技术恶化的干预也是很容易被发现的。

科学推动下的技术，其自身的基本特征就是不断进步，因为哪怕在其他方面倒退的时候，科学却总是进步着，即使是缓慢而艰难的进步[13]。正是由此决定了农业技术的特征。将式（3.12）和式（3.13）综合起来考虑，似乎可以看出，对于技术而言，消极保守性干预，可能增加一些艰难，减缓其应有的进步。而从长远的观点来看，倒是应该顺应其发展的规律，努力积极干预，促进其不断进步。技术进步的特性决定着有关干预的实质，也就是决定着有关干预存在的意义。

类似地，从式（3.7）、式（3.8）和式（3.9）的结构可以看出，一般来讲，对土地的干预 m_3，其直接效果应该有$\frac{\partial v_1}{\partial m_3}\geqslant 0$；对农业劳动力的干预 m_4，其直接效果$\frac{\partial v_2}{\partial m_4}\geqslant 0$；对农业资本的干预 m_5，其直接效果$\frac{\partial v_3}{\partial m_5}\geqslant 0$。即它们的直接作用应该是保证相应固定数量的较充足供给，以便达到有力支持农业发展的目的。另外，从式（3.5）的结构还可以看出，对农业技术的直接干预导致有效技术的提高，带来产出提升，同时，多少也会使价格出现波动。

同理，从式（3.6）中应该能够分析出对非农业技术干预的效果，并且通过 $a_2(m_2)$ 与 $a_1(m_1)$，$\frac{\partial a_2}{\partial m_2}$与$\frac{\partial a_1}{\partial m_1}$之间的数值比较，可以发现二者间的差异，即在非农业与农业这两部门之间，发现在技术干预上实际存在的效果差异，从而识别出有关宏观干预在这两部门之间的不同后果。特别是对那些在两部门中同期实施的、目标相类似的有关干预，其效果到底有何不同，具体差异存在何处，在此应能得到清楚的指示。

与此完全相类似，从式（3.10）和式（3.11）中得出对非农业劳动力和资本的干预的效果，然后，将它们与相应的对农业劳动力和资本的干预效果［式（3.8）和式（3.9）］进行数值比较，便可以得出人们通常会关注的有关信息。

这些，对于鉴定有关立法、指令和政策的实际效果，以至于对后来再采取什么决策，都是很重要的。

从以上关于宏观干预效果的定义及其分析结果可以看出，因为所定义的干预结果是相对于一定基准的偏离，因此，似乎指数函数形式更便于这样的分析。即如果把模型的初始结构处理成超越对数函数，而后再进行上述分析，应该是很便利的[14][15]。当然，如果初始结构采用了这样的全指数形式，那么，上述有关宏观干预效果的定义和表示也应随之有所变化，会变成偏离的程度（增长率的差），而不再是偏离的数量。这样的定义和表示，或许对于某些解释来说，会更清楚，也更便利。例如，依此来对宏观干预在两部门之间的实际效果进行比较时，可能就会体会到这一点。

参考文献

［1］何黎清．主要发达国家工业化进程中农业立法比较与经济学分析［D］．财政部财政科学研究所，2009：111-115.

［2］柯武刚，等．制度经济学［M］．韩朝华，译．北京：商务印书馆，2000：22.

［3］同参考文献［1］，27-41.

［4］徐更生．美国农业政策［M］．北京：经济科学出版社，2007：7-8.

［5］孙中才．农业经济数理分析［M］．北京：中国农业出版社，2006：30-32.

［6］孙中才．农业经济学讲义（硕士研究生试用）［M］．中国人民大学农业经济系，2006：40-50.

［7］李西林．G函数与现代经济学派分析［J］．汕头大学学报（人文社会科学版），2008（1）：10-14.

［8］孙中才．科学与农业经济学［M］．北京：中国农业出版社，2009：236.

[9] 同参考文献 [8]，184-185.

[10] Harrigan，J.. Technology，Factor Supplies，and International Specialization：Estimating the Neoclassical Model [J]. The American Economic Review，1997 (87)：475-494.

[11] 孙中才. 农业增长与科学技术投入 [J]. 农业技术经济，1995 (2)：17-24.

[12] Diewert，W. E.. Functional Forms for Profit and Transformation Functions [J]. Journal of Economic Theory，1973 (6)：284-316.

[13]《第一推动》丛书编委会. 总序 [M] //弗朗西斯·克里克. 惊人的假说——灵魂的科学探索. 汪云九，等译. 长沙：湖南科学技术出版社，1999：1.

[14] Solow，R.. Technical Change and the Aggregate Production Function [J]. Review of Economics and Statistics，1957，39 (3)：312-320.

[15] 同参考文献 [5]，30-32.

第4章　粮食安全与耕地保护

4.1　引　言

生产技术的进步是经济运行所内生的，它会产生对约束条件的替代[1]。因而，在经济的发展过程中，技术进步促使固定数量的内在作用随时变化。从这个意义上讲，固定数量并不是绝对固定的，实际上随时被技术替代着，从而在微元水平上缩减着。这便是技术进步的一般效应之一。

土地是经济发展的重要因素，在经济学的范畴内，曾经将其定义为可变的“要素”之一，但随着经济学理论探索的深入，它的作用和地位得到了更精确的陈述，它退出了可变因子的行列，也就是退出了市场调解的范围[2]。然而，它无疑进入了经济的约束条件序列，成了更深远意义上的人类社会要素，并继续对经济起着重要的作用。这种情况在农业经济领域尤为突出。耕地退出了经济学所关注的可变因子的范畴，却成了更加基本的约束条件之一，它稳定着可变因子的变化，制约着经济的运行。自然，随着市场结构的变化，特别是随着农业技术的变化，其制约力也在随时变化，由此人们可以想象到，这种变化意味着，起制约作用的耕地的固定数量，在具体的各个瞬时点上，实际上也是在变动的。换句话说，就是要保持原有的制约力，一般来讲，并不需要占用原有的固定数量。也就是说，从一般资源管理的角度来看，这个固定数量的实际作用量，在一定时期内和在一定程度上，是可以变通的，也就是可以微调的。

这类似于技术的事前设计与事后变通的关系[3]。变通的依据就是经济效率，具体的，就是农业技术的进步对耕地数量的替代效应。与此相类似，农业技术的进步对其他约束条件也存在着这样的替代效应。

在某些特定的经济里，由于种种原因，粮食供给一直是不容忽视的问题，在宏观经济管理的举措中始终存在着粮食需求量这一约束。农业技术进步对它的效应完全类似于对耕地约束的情况。这种替代效应很早就被人们觉察了，并且很早就有人运用某些方法对它进行过解释和测度。其中，有的方法一直延用至今[4][5]。

G 函数的确立，把市场结构和固定数量统一到了一个函数里。这样，再根据有关引理和定理，便可以在这个统一的模型里，就农业技术进步及其与耕地数量和粮食需求约束之间的基本关系展开探索。从而可能得出一些更加一致、更加严格和更加明晰的解释，以便对有关规律做出更加深入的揭示或解释。

4.2 农业生产对耕地和粮食需求约束的效应

设所考虑的农业生产的技术状况可以用线性的形式表示出来。于是，在 G 函数的框架下，可以写出：

$$G = \pi(\boldsymbol{ap}; \boldsymbol{v}_1, \boldsymbol{v}_2) \tag{4.1}$$

式中，$\pi(\cdot)$——利润函数；

$\boldsymbol{a}$——农业部门的生产技术，变量，

$\boldsymbol{p}$——农产品价格；

$\boldsymbol{v}_1$——耕地的固定数量，

$\boldsymbol{v}_2$——粮食需求约束数量。

在式（4.1）中，把技术变量直接写为价格的系数形式，是因为具体产业的技术变化能够以同样方法化为具体产业的价格增长模型[6]。

式（4.1）的 Jacobi 向量为：

$$\boldsymbol{J}=\left[\frac{\partial \pi}{\partial a}p+\frac{\partial \pi}{\partial p}a,-\frac{\partial \pi}{\partial v_1},-\frac{\partial \pi}{\partial v_2}\right] \tag{4.2}$$

由式（4.2），可以得出式（4.1）的 Hessian 矩阵为：

$$\boldsymbol{H}=\begin{bmatrix} \frac{\partial^2\pi}{\partial a^2}p+\frac{\partial \pi}{\partial a}\frac{\partial p}{\partial a}+\frac{\partial^2\pi}{\partial p\partial a}a+\frac{\partial \pi}{\partial p} & -\frac{\partial^2\pi}{\partial v_1\partial a} & -\frac{\partial^2\pi}{\partial v_2\partial a} \\ \frac{\partial^2\pi}{\partial a\partial p}p+\frac{\partial \pi}{\partial a}+\frac{\partial^2\pi}{\partial p^2}a+\frac{\partial \pi}{\partial p}\frac{\partial a}{\partial p} & -\frac{\partial^2\pi}{\partial v_1\partial p} & -\frac{\partial^2\pi}{\partial v_2\partial p} \\ -\frac{\partial \pi}{\partial a\partial v_1}p-\frac{\partial \pi}{\partial a}\frac{\partial p}{\partial v_1}-\frac{\partial \pi}{\partial p\partial v_1}a-\frac{\partial \pi}{\partial p}\frac{\partial a}{\partial v_1} & \frac{\partial^2\pi}{\partial {v_1}^2} & \frac{\partial \pi}{\partial v_2\partial v_1} \\ -\frac{\partial \pi}{\partial a\partial v_2}p-\frac{\partial \pi}{\partial a}\frac{\partial p}{\partial v_2}-\frac{\partial \pi}{\partial p\partial v_2}a-\frac{\partial \pi}{\partial p}\frac{\partial a}{\partial v_2} & \frac{\partial \pi}{\partial v_1\partial v_2} & \frac{\partial^2\pi}{\partial {v_2}^2} \end{bmatrix} \tag{4.3}$$

在式（4.3）中，有 2 个元素分别反映着农业技术变动与价格变动对耕地投入量的效应，即$-\frac{\partial^2\pi}{\partial v_1\partial a}$和$-\frac{\partial^2\pi}{\partial v_1\partial p}$。它们可以分别写为

$$-\frac{\partial^2\pi}{\partial v_1\partial a}=\frac{\partial\left(-\frac{\partial \pi}{\partial v_1}\right)}{\partial a} \tag{4.4}$$

和

$$-\frac{\partial^2\pi}{\partial v_1\partial p}=\frac{\partial\left(-\frac{\partial \pi}{\partial v_1}\right)}{\partial p} \tag{4.5}$$

同样的，

$$-\frac{\partial^2\pi}{\partial v_2\partial a}=\frac{\partial\left(-\frac{\partial \pi}{\partial v_2}\right)}{\partial a} \tag{4.6}$$

和

$$-\frac{\partial^2\pi}{\partial v_2\partial p}=\frac{\partial\left(-\frac{\partial \pi}{\partial v_2}\right)}{\partial p} \tag{4.7}$$

这里，式（4.4）和式（4.6）分别为农业技术对耕地和粮食需求约束的作用；式（4.5）和式（4.7）分别为农产品价格对耕地和粮食需求的作用。

根据替代弹性的定义，可以得出农业技术对耕地和粮食需求约束的替代弹性分别为：

$$\sigma_{av_1}=\pi\left(\frac{\partial \pi}{\partial a}p\right)^{-1}\left(-\frac{\partial^2\pi}{\partial v_1\,\partial a}\right)\left(-\frac{\partial \pi}{\partial v_1}\right)^{-1}$$

$$\sigma_{av_2}=\pi\left(\frac{\partial \pi}{\partial a}p\right)^{-1}\left(-\frac{\partial^2\pi}{\partial v_2\,\partial a}\right)\left(-\frac{\partial \pi}{\partial v_2}\right)^{-1}$$

这里，σ_{av_1}——农业技术对耕地数量的替代弹性；

σ_{av_2}——农业技术对粮食需求约束数量的替代弹性。

农产品价格对耕地和粮食需求约束的替代弹性分别为：

$$\sigma_{pv_1}=\pi\left(\frac{\partial \pi}{\partial p}a\right)^{-1}\left(-\frac{\partial^2\pi}{\partial v_1\,\partial p}\right)\left(-\frac{\partial \pi}{\partial v_1}\right)^{-1}$$

$$\sigma_{pv_2}=\pi\left(\frac{\partial \pi}{\partial p}a\right)^{-1}\left(-\frac{\partial^2\pi}{\partial v_2\,\partial p}\right)\left(-\frac{\partial \pi}{\partial v_2}\right)^{-1}$$

这里，σ_{pv_1}——农产品价格对耕地数量的替代弹性；

σ_{pv_2}——农产品价格对粮食需求约束数量的替代弹性。

它们分别体现着农业技术和农产品价格对耕地和粮食需求约束的替代强度，即简称的强度弹性。依据替代弹性的定义可以知道，技术和价格对耕地和粮食约束的替代强度，所表示的就是前二者分别变化百分之一（1%）所能替代后二者各自的百分之几（v_1%或v_2%）。容易得出：

$$\sigma_{(ap)v_1}=\sigma_{av_1}+\sigma_{pv_1} \tag{4.8}$$

$$\sigma_{(ap)v_2}=\sigma_{av_2}+\sigma_{pv_2} \tag{4.9}$$

这里，$\sigma_{(ap)v_1}$——农业供给能力对耕地的替代弹性；

$\sigma_{(ap)v_2}$——农业供给能力对粮食约束数量的替代弹性。

另外，根据

$$\frac{\partial \pi}{\partial v_1 \partial v_2} = -\frac{\partial \left(-\frac{\partial \pi}{\partial v_1}\right)}{\partial v_2} \tag{4.10}$$

可以得出：

$$\sigma_{v_1 v_2} = \pi \left(-\frac{\partial \pi}{\partial v_1}\right)^{-1} \left(\frac{\partial \pi}{\partial v_1 \partial v_2}\right) \left(-\frac{\partial \pi}{\partial v_2}\right)^{-1} \tag{4.11}$$

式（4.11）为固定投入数量耕地与粮食需求约束之间替代的反偏弹性。它表示二者之间，一方增减百分之一，另一方必须相应增减百分之几。因为式（4.10）表示耕地与粮食需求约束数量之间的同向作用关系，即其中一项数量的变化对另外一项数量所带来的同方向上的变化。

4.3　讨论与结论

在有约束的利润函数（G 函数）的框架下，通过具体产业的技术变化能够以同样方法化为具体产业的价格增长形式，给出了式（4.1）。式（4.1）将农业本身的经济运行陈述为以耕地和劳动力这两个要素为约束条件的技术—价格增长模型。然后依据 Hotelling 引理和所得出的 Hessian 矩阵，逐步将分析的焦点集中到了农业的技术变化与价格变化对耕地固定数量和粮食需求约束数量的效应上。并由此看到了耕地固定数量和粮食需求约束在经济运行中的实际可变化的程度，见式（4.8）、式（4.9）和式（4.11）。

如果经济体对外贸易的条件不变，即关于粮食安全问题的国际因素不变，那么，似乎可以简单地将其粮食安全和耕地保护等问题，归结在其内部粮食供给能力替代粮食需求和耕地固定数量的约束力上。由此，实际上把粮食安全定义成了粮食需求数量的约束力，把耕地保护定义成了耕地固定数量必须保有的量。以下便是这样的尝试。

容易理解，给定具体的作用点，便由此可以推算出相应的数量。

例如，给定点（a^*，p^*，t^*），这里 t^* 为时间，那么，依据式（4.8）和式（4.9），可以分别推算出：

$$r_{v_1^*}=\frac{r_{a^*p^*}}{\sigma_{av_1}+\sigma_{pv_1}}$$

和

$$r_{v_2^*}=\frac{r_{a^*p^*}}{\sigma_{av_2}+\sigma_{pv_2}}$$

这里的 $r_{v_1^*}$ 和 $r_{v_2^*}$ 分别为给定点（a^*，p^*，t^*）上耕地和粮食需求约束数量被农业产出变化所替代之后的数量增长率，即 $r_{v_1^*}=\mathrm{d}(\ln v_1{}^*)/\mathrm{d}t$；$r_{v_2^*}=\mathrm{d}(\ln v_2{}^*)/\mathrm{d}t$。而 $r_{a^*p^*}=\mathrm{d}\left(\ln\left(\frac{\partial\pi}{\partial(ap)}\right)\right)/\mathrm{d}t$。显然，$r_{v_1^*}$ 和 $r_{v_2^*}$ 都与 $r_{a^*p^*}$ 成正比。

给定初始值（a，p；v_1，v_2），容易计算出在点（a^*，p^*，t^*）上有：

$$v_1{}^*=v_1\ (1-r_{v_1^*}),\ v_2{}^*=v_2\ (1-r_{v_2^*})$$

这里的 $v_1{}^*$ 和 $v_2{}^*$ 就是实际上对产出变化还起着约束作用的数量。容易看出，在一般情况下，即在技术与市场非恶化发展的情况下，也就是技术与市场均有利于农业供给，或者其中一项的有利发展足以抵消另一项的不利发展时，即 $r_{a^*p^*}>0$，那么它们对耕地和粮食需求约束的共同替代，将导致 $v_1{}^*\leqslant v_1$ 和 $v_2{}^*\leqslant v_2$，这里，v_1 和 v_2 分别为给定的耕地和粮食需求约束的初始数量。由此可以认为，在工业化经济的发展过程中，随着农业技术和市场的不断发展和完善，耕地和粮食需求约束的数量应该呈现为不断减少的趋势，也就是约束不断放松，制约经济发展的力量不断减弱。相应地，若其他条件不变，如国际贸易保持正常，那么，有关安全和保护的举措也应该是不断减弱的。

另外，在给定的点（a^*，p^*，t^*）上，依据替代弹性的定义，由式（4.11）可以计算出

$$r_{v_1^*} = \frac{r_{v_2^*}}{\sigma_{v_1 v_2}}$$

然而，因为这里的 v_1^* 和 v_2^* 的数量还受到其直接因素的影响，例如，粮食需求约束数量必须由此时的人口情况来决定，即

$$r_{\hat{v}_2^*} = f(v_2^*, r)$$

这里，$r_{\hat{v}_2^*}$——粮食约束数量根据自身特有因素对 v_2^* 的修订增长率值；

r——人口增长率。

容易计算出，此时实际起到约束作用的耕地数量的增长率 $r_{\hat{v}_1^*}$ 应该为

$$r_{\hat{v}_1^*} = r_{v_1^*} + \frac{r_{\hat{v}_2^*} - r_{v_2^*}}{\sigma_{v_1 v_2}}$$

这时必定有：

$$\hat{v}_2^* = v_2^*(1 + r_{\hat{v}_2^*}), \hat{v}_1^* = v_1^*(1 + r_{\hat{v}_1^*})$$

人们可以看到，这时粮食需求数量的增长率会变化为 $r_{\hat{v}_2^*}$，而随之 $r_{v_1^*}$ 会有着同向的变化。如果 $r_{\hat{v}_2^*} \geqslant r_{v_2^*}$，那么，$r_{\hat{v}_1^*} \geqslant r_{v_1^*}$，这意味着，粮食需求约束（也就是粮食安全指数）增大，一定会导致耕地具有实际约束作用的数量也增大，即保护任务加重。反之相反。

由此可以看到，在给定初始模型式（4.1）下，在点（a^*，p^*）上，若其他条件均不变，经济运行状态应呈现为（a^* p^*；v_1^*，v_2^*）。但此时由于粮食需求约束数量发生了变化，由 v_2^* 变成了 $\hat{v}_2^*$，而耕地实际起约束作用的数量也会由 v_1^* 变成 $\hat{v}_1^*$，因而，此时的经济运行状态实际上处于（a^* p^*；$\hat{v}_1^*$，$\hat{v}_2^*$）。而如果有 $\hat{v}_2^* \geqslant v_2^*$，即粮食需求约束数量增加了（如果其他条件不变，对于不少发展中经济来说，仅仅因为人口的压力就很容易出现这种情况），那么，必定有 $\hat{v}_1^* \geqslant v_1^*$。这意味着，对比生产中的观察结果，实际起

着约束作用的耕地数量会大于市场需求量，因而，必须减缓对耕地保护程度的放松。

由式（4.2）可以看出，上述这些结论，都必须由

$$\lim_{v_1 \to 0}\left(-\frac{\partial \pi}{\partial v_1}\right) \neq 0 \text{ 和} \lim_{v_2 \to 0}\left(-\frac{\partial \pi}{\partial v_2}\right) \neq 0$$

来保证。这意味着，在现行的经济运行中，耕地和粮食需求约束数量都具有实际的约束力，即在实际的数值测定水平上，确实具有稀缺性或限制性。同时，由生产可能性集合的凸性（π 在固定数量向量 $\boldsymbol{v}$ 上的凸性）可以看到，理论范式是完全可以保证这一点的。

从更一般的意义上讲，人们有理由把式（4.1）中的变量和参数理解为都是自身具有独立影响因素的量，从而各自有着独立变化的能力，但它们又被共同耦合在利润之中，由此导致它们的独立变化在统一的模型里呈现为一系列比例关系，而由这些比例所决定，反过来导致模型出现一系列的结构变化。依据经济学原理，自由市场自行调节，价格与技术在经济运行过程中是独立自由运动的。随着它们的运动必然出现对固定数量约束的替代，从而使模型在经济的各个运动点上出现结构性变化。其中，随着技术和市场的进步，一般来讲，这样的替代趋势基本上应该是朝向固定数量可以缩减的，即随着技术和市场的进步，基本资源性的约束条件会是趋于放松的。也就是说，人类社会的科技进步是朝向人类摆脱自然条件制约的。但是，这些自然条件还具有自身特有的因素，还具有一定的独立变化条件；而且，依据模型中存在的内在的比例关系，任何一个自然条件自身的数量变化，都会通过反偏弹性传递到其他自然条件，令后者也发生数量的变化，成为对技术和市场替代作用的修正。

上述关于粮食安全和耕地保护的陈述和讨论，便是考察了技术

和市场的进步对耕地数量和粮食需求约束的替代，以及后两者在约束数量上的独立变化，必定影响这种替代的情况。结果表明，在后二者中，只要有一个受自身的独立因素影响而发生了变化，就会导致另一个约束数量也发生变化，从而形成新的固定数量向量，修正着技术和市场进步所带来的替代效应。自然，若二者同时发生类似的变化，其结果更必然如此。

综合上述分析结果，可以看出，粮食安全和耕地保护问题能够以固定数量的形式，连同农业供给陈述，耦合于 G 函数模型里，进而，通过演绎经济运行中的结构变化，揭示有关的变动趋势。从这种趋势中似乎可以看出，若其他条件不变，粮食安全问题和耕地保护问题可以归结为农产品供给能力对粮食需求约束和耕地固定数量的替代，也就是农业技术和市场变化对它们的缓解作用。农业技术和市场的进步速度应该大于粮食需求约束的变化，耕地投入数量的变化会小于粮食需求约束的变化，因而，即使撇开任何其他可能减缓耕地保护的不利因素不谈，那么，要放松对耕地的保护，至少应该缓慢于粮食需求约束的变化。

参考文献

［1］Samuelson，P.. Foundations of Economic Analysis［M］. Cambridge，MA：Harvard University Press，1947：22-24.

［2］Kohli，U.. A Gross National Production Function and the Derived Demand for Imports and Supply of Exports［J］. Canadian Journal of Economics，1978（5）：167-182.

［3］Fuss，M. and McFadden，D.. Flexibility versus Efficiency in ex ante Play Design［M］// Fuss，M. and Mcfadden，D.（eds.）. Production Economics：

A Dual Approach to Theory and Applications, Volume 1, The Theory of Production, North－Holland Publishing Company, Amsterdam・New York・Oxford, 1978：311-320.

［4］Robert L. Opila and J. S. Schultz (eds.). Bioengineering Food [M]. New York：American Institute of Chemical Engineer, 1968：33-35.

［5］丰雷，魏丽，蒋妍．论耕地要素对中国经济增长的贡献［J］．中国耕地科学，2008（12）：4-10.

［6］孙中才．*G*函数与经济学的新进展［J］．汕头大学学报（人文社会科学版），2006（6）：20-24.

第5章　农产品价格上涨的基本效应

5.1　引　言

在现代工业化经济中，农业的技术状况，体现了经济体内综合技术的传递效率，而农产品的价格变化，则不仅反映了市场的效率，也反映了包括技术状况在内的更综合性的传递效率[1]。而价格变化，一般来讲，总意味着经济体内的技术结构要随之发生变化。揭示这种变化是经济分析所必要的。

G 函数为经济学的分析提供了更便利的范式，特别是关于价格变化的，因为有约束的利润函数 $\pi(\boldsymbol{p};\ \boldsymbol{v})$ 的结构直接表示的就是价格与资源禀赋的共同作用，或者说，价格的结构和变化可以直接纳入这个模型[2]。并且，根据 G 函数的线性齐次性质，已经明确，$\pi(\boldsymbol{p};\ \boldsymbol{v})$中价格的系数，可以看作所对应的可变数量的中性 Hicks 技术进步的系数，关于技术结构变化的分析也是很容易实现的[3]。于是，可以看出，运用G函数对价格变化的效应进行分析，可以很直观、很容易，而且，可以取得更加全面、更加深入的结果，因为这个函数体现着经济学理论的最新综合。

事实表明，由于在工业化经济中，农业日益成为一个附属部门，对有关农业的效应分析，通常要借助两部门分析，将其扩大到相应的范围，才能得出令人满意的结果[4]。

从一般结构上看，GNP 函数最适于进行两部门描述[5]。而从转换函数的结构来看，最简单的便是新古典主义模型，即投入中只涉及劳动力和资本这两个要素的描述。

以下部分里，首先在 $\pi(\boldsymbol{p};\ \boldsymbol{v})$ 函数概念的基础上，运用 GNP 函数建立一个农业与非农业两部门的描述，其中，农业产出市场划分为国内供给、出口和进口 3 个，非农业产出仅划分为一个市场。为便于分析，针对农业和非农业两部门的要素供给市场，各为 2 个，即农业的劳动力和资本市场与非农业的劳动力和资本市场。

5.2 初始分析模型：GNP 函数

根据 $\pi(\boldsymbol{p};\ \boldsymbol{v})$ 的概念可以知道，这个函数把因子分为两大类：一类是价格；另一类是资源禀赋。其中，$\boldsymbol{p}=[p_1,\ p_2,\ \cdots,\ p_I]$；$\boldsymbol{v}=[v_1,\ v_2,\ \cdots,\ v_J]$；$p_i \gg 0$，$i=1,\ 2,\ \cdots,\ I$；$v_j \leqslant 0$，$j=1,\ 2,\ \cdots,\ J$；$I \leqslant J$。即价格的每一个元素都是正的，资源禀赋的每一个元素都是非正的，且价格元素的数目不多于资源禀赋元素的数目，或者说，资源禀赋元素的数目必须不少于价格元素的数目。

在理论上已经证明，若一个经济体的经济行为可以初始性地写为

$$\max s = \boldsymbol{px}$$

$$\text{s. t.} \qquad x \in Y(v)$$

$$\boldsymbol{p}, \boldsymbol{x} \in R^I, \boldsymbol{v} \in R^J$$

这里，$\boldsymbol{x}$——最终产品向量；

$\boldsymbol{p}$——最终产品价格的向量；

$Y(\boldsymbol{v})$——禀赋 $\boldsymbol{v}$ 的凸性生产可能性集合。

那么，当 $Y=\pi(\boldsymbol{p};\ \boldsymbol{v})$ 时，这个模型的解将是 GNP 的最大值。只要这个利润函数 $\pi(\boldsymbol{p};\ \boldsymbol{v})$ 是二次连续可微的，即要求因子之间存在着平滑的可替代性，并且至少因子 $\boldsymbol{v}$ 有与产品 x 一样多的数目 $(J \geqslant I)$，那么，净产出供给的向量 $\boldsymbol{x}(\boldsymbol{p};\ \boldsymbol{v})$ 就由 $\pi(\boldsymbol{p};\ \boldsymbol{v})$ 关于 $\boldsymbol{p}$ 的梯度来给出：

$$\boldsymbol{x}_i(\boldsymbol{p};\boldsymbol{v})=\frac{\partial\,\pi(\boldsymbol{p};\boldsymbol{v})}{\partial\,p_i}\quad i=1,2,\cdots,I$$

并且，可以简单地写出

$$\mathrm{GNP}=Y=\pi(\boldsymbol{p};\boldsymbol{v})$$

这意味着，国民收入函数 GNP，在结构上，是 G 函数的典型之一。运用它，会给有关分析带来很大的便利[6]。其原因主要有以下两点：第一，在尺度上，GNP 具有足够的空间来体现部门的概念，便于直观地表示出经济结构的基本骨架；第二，因为它是 G 函数的典型之一，那么，后者所具备的理论前沿性、计算的便利性和分析的深入性，尽可在它这里得到实现，从而增添了舍此难得的研究能力。

对于 $\boldsymbol{x}_i(\boldsymbol{p};\ \boldsymbol{v})$ 的符号，则由它们是“产出”还是“投入”，或者由它们在 GNP 核算中是“收入”还是“支出”来规定，若是“产出”或“收入”，规定为“+”，若是“投入”或“支出”，则规定为“—”[7]。

运用两部门—新古典主义的概念，加上农产品市场划分和有关价格上涨的描述，人们可以得出这样的 GNP 函数：

$$\begin{aligned}\mathrm{GNP}&=\pi(\boldsymbol{p};\ \boldsymbol{v})\\&=\pi(p_1,\ p_2,\ p_3,\ \theta_4p_4,\ p_5,\ p_6,\ p_7,\ \theta_8p_8;\ v_1,\ v_2,\ v_3,\ v_4,\\&\quad\varphi_5v_5,\ v_6,\ v_7,\ v_8)\end{aligned}\tag{5.1}$$

式中，p_1——非农产品价格；

p_2——非农部门的工资率；

p_3——非农部门的资本租金率；

θ_4——农产品国内供给价格系数，$\theta_4>1$；

p_4——农产品国内供给；

p_5——农业部门的工资率；

p_6——农业部门的资本租金率；

p_7——农产品出口价格；

θ_8——进口农产品在国内销售的价格系数，$\theta_8>1$；

p_8——农产品进口价格；

v_1——可耕地数量；

v_2——劳动力总量；

v_3——非农业资本存量；

v_4——农业资本存量；

φ_5——银根紧缩系数，$\varphi_5>1$；

v_5——货币量基数；

v_6，v_7，v_8——试验待定项（量）。

式（5.1），通过市场表现，描述了两部门—新古典的情况，生产划分为非农业与农业两个部门；转换函数里的要素分别只有劳动力和资本两个。但为便于分析，农产品的销售市场划分为 3 个：直接国内供给、出口和进口。因为农产品价格出现了上涨，直接国内供给的和进口的分别带有了大于 1 的价格系数，即 $\theta_4>1$ 和 $\theta_8>1$。新古典主义的描述，资源禀赋 v 的主要元素包括可耕地 v_1、劳动力总量 v_2 和资本存量，其中，根据资本在农业与非农业之间难于流动的假设，在非农业与农业两部门之间，将资本存量划分为两个相互独立的成分 v_3 与 v_4，并分别归属于这两个部门。另外，在经济运行中，面对价格上涨，货币供给量可能变化，这里给定了货币供给量的约束 $\varphi_5 v_5$，其中，φ_5 为银根紧缩系数，$\varphi_5>1$。

对于式（5.1），为简单起见，除了为强调说明，必须使用 GNP 函数这个表述之外，在下文里，我们一般仍然用 π 函数来表述它。

5.3 农产品涨价的效应分析

5.3.1 农业产出对部门技术进步的弹性分析

由于假定有约束的利润函数和转换函数都是线性齐次的，因此，当转换函数可以表示为 $\boldsymbol{x}_i(\boldsymbol{p};\ \boldsymbol{v})=\frac{\partial \pi(p;\ v)}{\partial p_i}=a_i f_i(a_h f_h)$ 和 $\boldsymbol{x}_h(\boldsymbol{p};\ \boldsymbol{v})=\frac{\partial \pi(p;\ v)}{\partial p_h}=\boldsymbol{a}_h f_h(\boldsymbol{a}_i f_i)$ 时，那么，技术进步系数可以直接写为相对应的价格的系数，得出：$\pi(\boldsymbol{a},\ \boldsymbol{p};\ \boldsymbol{v})=\pi(\boldsymbol{ap};\ \boldsymbol{v})$，即一个具体产业的技术变化描述能够以同样方法化为这个具体产业的价格增长模型[8]。并由此可以得到：

$$\eta_{x_i}(a_i)=1+\eta_{x_i}(p_i)\quad i=1,2,\cdots,I \tag{5.2}$$

式中，η——弹性；

x_i——第 i 个部门的产出数量，$x_i=\frac{\partial \pi}{\partial p_i}$，$i=1,\ 2,\ \cdots,\ I$；

a_i——第 i 个部门的 Hicks 中性技术水平，$i=1,\ 2,\ \cdots,\ I$。

式（5.2）就是那个著名的表述，即一个产业的产出对其自身 Hicks 中性技术进步的弹性，在那个产业里，就等于 1 加上它的产出—自价格弹性[9]。

根据式（5.2），对于式（5.1）中的 $\theta_4 p_4$，可以得出：

$$\eta_{x_4}(a_4)=\frac{1}{2}+\frac{1}{2}\eta_{x_4}(p_4)+\frac{1}{2}\eta_{x_4}(\theta_4) \tag{5.3}$$

式中，$\eta_{x_4}(\theta_4)=\mathrm{d}\left(\ln\frac{\partial \pi}{\partial p_4}\right)/\mathrm{d}\ (\ln\theta_4)$。

容易理解，$\theta_4=\left(1+\frac{\mathrm{d}p_4}{p_4}\right)$，且因为是涨价，有 $\mathrm{d}p_4>0$，因此有：

$$\begin{aligned}\mathrm{d}(\ln\theta_4)&=\frac{\mathrm{d}\theta_4}{\theta_4}=\mathrm{d}\left(1+\frac{\mathrm{d}p_4}{p_4}\right)/\left(1+\frac{\mathrm{d}p_4}{p_4}\right)\\&=\left(\mathrm{d}^2p_4-\frac{\mathrm{d}p_4}{p_4}\right)/\left(p_4+\frac{\mathrm{d}p_4}{p_4}\right)\end{aligned} \tag{5.4}$$

在式（5.4）中，舍去$\left(\mathrm{d}^2p_4-\frac{\mathrm{d}p_4}{p_4}\right)=0$ 这个特殊的点之外，还有两种明显的情况：一种是因为有 $\mathrm{d}p_4>0$，而当 $\mathrm{d}^2p_4\leqslant 0$ 时，必有

$\left(d^2p_4-\frac{dp_4}{p_4}\right)<0$，有 $d(\ln\theta_4)<0$，即其符号为“－”，并导致 $\eta_{x_4}(\theta_4)=d\left(\ln\frac{\partial\pi}{\partial p_4}\right)/d(\ln\theta_4)$ 的符号也为“－”。另一种是当 $d^2p_4>0$ 时，才可能有 $\left(d^2p_4-\frac{dp_4}{p_4}\right)>0$，也才可能有 $d(\ln\theta_4)>0$，即其符号为“＋”，并导致 $\eta_{x_4}(\theta_4)=d\left(\ln\frac{\partial\pi}{\partial p_4}\right)/d(\ln\theta_4)$ 的符号也为“＋”。这是涨价效应的两个常见情况。

5.3.2 部门交叉效应分析

部门之间的效应，也就是部门之间的效率变化，要通过部门产出数量之间的替代弹性来分析。为了识别农产品涨价在部门之间所带来的影响，我们主要分析一下国内供给的和进口的农产品价格上涨对非农产品、农产品出口，以及这两种涨价之间的效应。这样，需要计算如下 5 个替代弹性：

1. 农产品国内供给价格上涨对非农产品供给的替代弹性。

$$\begin{aligned}\sigma_{x_1}(\theta_4p_4)&=\pi\pi_{p_1}{}^{-1}\pi_{p_1p_4}\pi_{p_1}{}^{-1}\\&=\pi\pi_{p_1}{}^{-1}\frac{\theta_4\partial^2\pi}{\partial p_1\partial p_4}\pi_{p_1}{}^{-1}\end{aligned}\tag{5.5}$$

式中，$x_1=\frac{\partial\pi}{\partial p_1}$；$\pi_{p_1}=\frac{\partial\pi}{\partial p_1}$。

2. 国内供给的农产品价格上涨对出口的替代弹性。

$$\begin{aligned}\sigma_{x_5}(\theta_4p_4)&=\pi\pi_{p_5}{}^{-1}\pi_{p_5p_4}\pi_{p_5}{}^{-1}\\&=\pi\pi_{p_5}{}^{-1}\frac{\theta_4\partial^2\pi}{\partial p_5\partial p_4}\pi_{p_5}{}^{-1}\end{aligned}\tag{5.6}$$

式中，$x_5=\frac{\partial \pi}{\partial p_5}$；$\pi_{p_5}=\frac{\partial \pi}{\partial p_5}$。

3. 国内供给的农产品价格上涨对进口的农产品价格上涨的替代弹性。

$$
\begin{aligned}
\sigma_{x_8}(\theta_4 p_4) &= -\pi(\theta_8\pi_{p_8})^{-1}(\theta_8\theta_4\pi_{p_8 p_4})(\theta_8\pi_{p_8})^{-1} \\
&= -\pi\pi_{p_8}{}^{-1}\frac{\theta_4\,\partial^2\pi}{\theta_8\,\partial p_8\,\partial p_4}\pi_{p_8}{}^{-1}
\end{aligned}
\tag{5.7}
$$

式中，$x_8=\frac{\partial \pi}{\partial p_8}$；$\pi_{p_8}=\frac{\partial \pi}{\partial p_8}$。

另外，农产品涨价对银根紧缩政策的影响，可以通过相应的替代弹性来反映。其中有：

4. 国内供给的农产品价格上涨对货币供给量的替代弹性。

$$
\begin{aligned}
\sigma_{v_5}(\theta_4 p_4) &= -\pi\pi_{p_4}{}^{-1}\pi_{p_4 v_5}\pi_{v_5}{}^{-1} \\
&= -\pi\left(\frac{\theta_4\,\partial\pi}{\partial p_4}\right)^{-1}\frac{\theta_4\varphi_5\,\partial^2\pi}{\partial p_4\,\partial v_5}\left(\frac{\varphi_5\,\partial\pi}{\partial v_5}\right)^{-1} \\
&= -\pi\left(\frac{\partial\pi}{\partial p_4}\right)^{-1}\frac{\partial^2\pi}{\partial p_8\,\partial v_5}\left(\frac{\partial\pi}{\partial v_5}\right)^{-1}
\end{aligned}
\tag{5.8}
$$

5. 进口的农产品涨价对货币供给量的替代弹性。

$$
\begin{aligned}
\sigma_{v_5}(\theta_8 p_8) &= \pi\pi_{p_8}{}^{-1}\pi_{p_8 v_5}\pi_{v_5}{}^{-1} \\
&= \pi\left(\frac{\theta_8\,\partial\pi}{\partial p_8}\right)^{-1}\frac{\theta_8\varphi_5\,\partial^2\pi}{\partial p_8\,\partial v_5}\left(\frac{\varphi_5\,\partial\pi}{\partial v_5}\right)^{-1} \\
&-\pi\left(\frac{\partial\pi}{\partial p_8}\right)^{-1}\frac{\partial^2\pi}{\partial p_8\,\partial v_5}\left(\frac{\partial\pi}{\partial v_5}\right)^{-1}
\end{aligned}
\tag{5.9}
$$

5.4　讨论与结论

式（5.3）～式（5.9）分析了国内供给的和进口的农产品价格

上涨的基本效应。

其中，式（5.3）和式（5.4）分析了国内供给的农产品价格的上涨对国内农业生产的影响，其结果表明，国内供给的农产品的价格上涨，对产出对本部门 Hicks 中性技术进步的弹性，实际上是一个由促进到减缓的变化过程，尽管在把部门的技术进步转化为价格增长模型的形式上，价格上涨系数会表示为直接扩大这种技术进步。若其他条件不变，这种由促进到减缓的过程，很可能也就是促进或减缓本部门 Hicks 中性技术进步的过程[10]。

由式（5.4）所表明的两个常见情况出发，可以做如下分析。如果价格是一个“自然成长过程”，即变化遵循着一般的 Logistic 曲线，那么在现实经济中能够观察到，前一种情况是价格上涨的后期，即 Logistic 曲线为凹的部分，其二阶导数为非正的；后一种情况则是价格上涨的初期，即 Logistic 曲线为凸的部分，其二阶导数为正的。然而，在后一种情况里，只有当 $dp_4>0$ 且值很小，例如 $dp_4\to 0$，$d^2p_4>0$ 且足够大时，才能出现 $d(\ln\theta_4)>0$。这很可能只发生在价格上涨初期的最初阶段上，因为在这个阶段上才有 $dp_4\to 0$ 和 $d^2p_4>0$。这样可以看出，价格上涨对本部门产出对本部门 Hicks 中性技术进步的弹性的影响，是随着价格上涨的初期到后期的进展，由增强到减缓而变化的。而且，在一般情况下，从作用期间上来看，减缓的作用远大于增强。因而，一般来讲，农产品价格的上涨趋势，是减缓本部门 Hicks 中性技术进步的。

那么，通过式（5.3）与式（5.2）的对照，可以认为，农产品的涨价常见的效应是，仅仅在其初期的一个不长的时期里，可以对国内农业生产对本部门技术进步的弹性有增强作用，而在其他时期里，特别在涨价的后期里，随着 $d^2 p_4 \leqslant 0$，却一定是减缓的。

式（5.5）和式（5.6）的结果表明，国内供给的农产品的涨价，导致农产品对非农产品的和对出口农产品的互补性替代能力加强了。这意味着，随着农产品价格上涨，后二者的价格或有关的扩张措施会受到激励，而现有的价格和技术水平会受到冲击。

式（5.7）表示了国内供给的农产品与进口农产品在国内市场上同时涨价时，这两种上涨之间存在的效应。结果表明，它们之间的替代弹性是“—”的，值的变化取决于$\frac{\theta_4}{\theta_8}$。这意味着，二者价格上涨幅度的比率，决定了国内供给的与进口的农产品数量之间的互竞性替代的强度。哪一个上涨系数大，供给数量便向哪一方偏倾，从而推动市场结构发生相应的变化。

式（5.8）和式（5.9）的结果表明，农产品价格的上涨，无论是国内供给的，和/或进口的，在技术效率水平上，对于货币供给政策的后果，仍旧没有直接的影响。由此可以看到，在 G 函数里，固定数量的变化与可变数量的变化，对于替代弹性的影响是不存在的。这意味着，这两种数量的变化，无论是各自独立的还是二者同时的，均不能在技术效率水平上相互影响。然而，计算中可以发现，在式（5.8）中有

$$\pi_{p_4 v_5} = \frac{\theta_4 \varphi_5 \, \partial^2 \pi}{\partial p_4 \, \partial v_5}$$

和在式（5.9）中有

$$\pi_{p_8 v_5} = \frac{\theta_8 \varphi_5 \, \partial^2 \pi}{\partial p_4 \, \partial v_5}$$

这意味着，在市场的价格交叉影响中，涨价水平和银根紧缩系数都还是起作用的。

参考文献

[1] 孙中才. 农业经济数理分析［M]. 北京：中国农业出版社，2006：30-41.

[2] 孙中才. G函数与经济学的新进展［J]. 汕头大学学报（人文社会科学版），2006（6）：20-24.

[3] Harrigan, J.. Technology, Factor Supplies, and International Specialization: Estimating the Neoclassical Model [J]. The American Economic Review, 1997 (87): 475-494.

[4] Henrichsmeyer, W.. Economic Growth and Agriculture: A Two－Sector Analysis [J]. The German Economic Review, 1972 (10): 47-61.

[5] Dervis, K.. Substitution, Employment and Inter－temporal Equilibrium in a Non－Linear Multi－Sector Planning Model for Turkey [J]. in European Economic Review, 1975 (6): 77-96.

[6] Gorman, W.. Measuring the Quantities of Fixed Factors [M] // J. N. Wolfe, Ed., Value, Capital and Growth: Papers in Honor of Sir John Hicks. Aldine Publishing Co. Chicago, 1968. 141-172.

[7] Debreu, G. Theory of Value－An Axiomatic Analysis of Economic Equilibrium [M], New York: J. Wiley and Sons, 1959, pp. 15-17.

[8] 同参考文献［3]，51.

[9] 同参考文献［3]，47.

[10] 同参考文献［1]，107-108.

第6章　农产品超量供给分析

6.1 引　言

根据对工业化经济结构的数理分析，在微观水平上，得出了超量供给经常存在的结果[1]。在对偶理论的基础上，依据生产可能性集合、利润函数和转换函数的性质，这一结果也能够直接由 G 函数来得出，从而实现在宏观水平上进行有关分析。对照 F 函数，G 函数可以将市场划分得更加精细，而且能够更明确地把有关着眼点统一到一个既直观又简单的分析框架里[2][3]。

边际平衡原理表明，支配生产行为的规律是技术效率与市场分配效率的均衡，由此确定了现代经济学的理论核心[4]。超量供给描述了，在这个均衡点上，技术与市场因子变化的一般趋势，即生产技术的变化速度通常超过市场技术条件的变化速度。在工业化经济里，超量供给会是农业经常出现或保持的现象，它体现了经济体内部技术与市场条件之间存在的综合发展趋势，隐含着大量的经济信息。对其注意观察并加以分析，似乎在 20 世纪 70 年代就开始了，90 年代以后更加受到重视。开始的研究，或者更早期的探索，主要是借助生产函数（或称 F 函数）的概念来完成的，90 年代以后，这些方面的研究则多转向了借助或者依赖 G 函数来进行[5][6][7][8]。事实表明，G 函数的运用，不仅精确了有关概念，而且还深化了有关分析。在有约束的利润函数这个概念的基础上，以 GNP 为出发点，纳入农业国内生产、出口和进口市场的成分，再着眼于超量供给的分析，使得关于技术效率的概念更加精确了，也使得关于技术分析的广度和深度更加发展了。

从技术层面来看，生产函数可以直接视为转换函数[9]。因此，很容易将在生产函数里获得的有关概念直接移植到利润函数中来，使这些概念得到了新的形式表达，从而描述或揭示某些蕴含的结构和运动规律。不难看出，这种新的形式表达，实际上是进行了一定意义的新的变换，在把人们已有的认识变换到一个新的角度。这通常使人们不仅可以得到新的眼界，取得新的认识，而且还可以探明新的途径，增强新的信心，将科学研究推进到新的高度。

本章从 GNP 函数出发，根据利润函数导数的性质，将 F 函数的边际分析结果纳入转换函数，试图从 G 函数的视角，考察农业超量供给的内在技术结构问题。

6.2 超量供给概念与 *G* 函数的有关描述

6.2.1 *F* 函数与超量供给概念

以一般的新古典主义的经营函数为基础，很容易得出超量供给的概念。设

$$x_1 = a_1 F(a_i x_i, \boldsymbol{v}) \quad i = 2,3,\cdots,I \tag{6.1}$$

式中，$\boldsymbol{v}$——固定投入向量，$\boldsymbol{v}=(v_j)$，$j=1, 2, \cdots, J$。

并由此得出

$$\max \pi(x_i) = p_1 a_1 F(a_i x_i, v_j) - \sum_{i=2}^{I} p_i e_i x_i \quad i=2, 3, \cdots, I \tag{6.2}$$

式中，p_1——农产品价格；

a_1——农业部门平均技术水平；

a_i——商品性投入因子的能力扩张水平，$i=2, 3, \cdots, I$；

x_i——商品性投入因子，$i=2, 3, \cdots, I$；

v_j——固定性投入因子，$j=1, 2, \cdots, J$；

p_i——商品性投入因子的价格，$i=2, 3, \cdots, I$；

e_i——对应于商品性投入因子能力扩张所带来的成本价格扩张，$i=2, 3, \cdots, I$。

由式（6.2）的一阶条件

$$\frac{\partial \pi}{\partial x_i} = 0$$

得出

$$\frac{\partial F}{\partial x_i} = \frac{1}{a_1}\frac{e_i}{a_i}\frac{p_i}{p_1} \quad i = 2,3,\cdots,I \tag{6.3}$$

令

$$\varphi_i = \frac{\partial F}{\partial x_i} \quad i = 2,3,\cdots,I$$

并求出式（6.3）的相对静态增长方程

$$\frac{\mathrm{d}\varphi_i}{\mathrm{d}t}\frac{1}{\varphi_i} = -\frac{\mathrm{d}a_1}{\mathrm{d}t}\frac{1}{a_1} - \frac{\mathrm{d}a_i}{\mathrm{d}t}\frac{1}{a_i} + \frac{\mathrm{d}p_i}{\mathrm{d}t}\frac{1}{p_i} + \frac{\mathrm{d}e_i}{\mathrm{d}t}\frac{1}{e_i} - \frac{\mathrm{d}p_1}{\mathrm{d}t}\frac{1}{p_1} \quad i = 2,3,\cdots,I \tag{6.4}$$

由此得出

$$\frac{\mathrm{d}\varphi_i}{\mathrm{d}t}\frac{1}{\varphi_i}+\frac{\mathrm{d}p_1}{\mathrm{d}t}\frac{1}{p_1}-\frac{\mathrm{d}e_i}{\mathrm{d}t}\frac{1}{e_i}-\frac{\mathrm{d}p_i}{\mathrm{d}t}\frac{1}{p_i}=-\frac{\mathrm{d}a_1}{\mathrm{d}t}\frac{1}{a_1}-\frac{\mathrm{d}a_i}{\mathrm{d}t}\frac{1}{a_i}$$

$$i=2,3,\cdots,I \tag{6.5}$$

在（$p_i{}^*$，$v_j{}^*$）点上，能够一般地存在着

$$-\frac{\mathrm{d}a_1}{\mathrm{d}t}\frac{1}{a_1}-\frac{\mathrm{d}a_i}{\mathrm{d}t}\frac{1}{a_i}<0\ ,\quad i=2,3,\cdots,I$$

即式（6.2）右端的值缩小，意味着总量生产函数出现变量右移，生产规模增大，供给量增加，总供给水平超过市场分配水平，呈现超量供给[10]。

6.2.2 GNP 函数及其导数和转换函数

设

$$\mathrm{GNP}(\boldsymbol{p};\boldsymbol{v})=\pi(\boldsymbol{p},\boldsymbol{v}) \tag{6.6}$$

式中，π——国民收入总值；

$\boldsymbol{p}$——价格向量，$\boldsymbol{p}=(p_1,\ p_2,\ \cdots,\ p_I)$；

$\boldsymbol{v}$——资源禀赋向量，$\boldsymbol{v}=(v_1,\ v_2,\ \cdots,\ v_J)$。

式（6.6）必须满足如下 2 个条件：①$\pi(\boldsymbol{p},\ \boldsymbol{v})$ 是二次连续可微的，即要求因子之间存在平滑的可替代性；②资源禀赋，即固定数量的数目至少与产品一样多，即 $J\geqslant I$。这样，根据 Shaphard’s 引理，净产出供给的向量 $\boldsymbol{x}(\boldsymbol{p},\ \boldsymbol{v})$ 就由 $\pi(\boldsymbol{p},\ \boldsymbol{v})$ 关于 $\boldsymbol{p}$ 的梯度来给出：

$$\boldsymbol{x}_i(\boldsymbol{p},\boldsymbol{v})=\frac{\partial\,\pi(\boldsymbol{p},\boldsymbol{v})}{\partial\,p_i}\quad i=1,2,\cdots,I \tag{6.7}$$

根据对偶理论，定义利润函数为：$\pi(\boldsymbol{p};\ \boldsymbol{v})\equiv\max_x\{\boldsymbol{p}^{\mathrm{T}}\boldsymbol{x}:(\boldsymbol{x};\ \boldsymbol{v})\in T\}$。这里，$\boldsymbol{p}\gg0_I$；$\boldsymbol{v}\leqslant0_J$。其中，$\boldsymbol{x}=(x_1,\ x_2,\ \cdots,\ x_I)$ 为可变

数量的向量；$\boldsymbol{p} \equiv (p_1, p_2, \cdots, p_I)$ 为可变数量的价格向量；$\boldsymbol{v} = (v_1, v_2, \cdots, v_J)$ 为资源禀赋数量的向量。并有 $G(\hat{\boldsymbol{x}}; \boldsymbol{v}) \equiv \max_{x_1} \{\boldsymbol{x}_1 : (x_1, \hat{\boldsymbol{x}}; \boldsymbol{v}) \in T\}$，如果存在一个 x_1，致使 $(\boldsymbol{x}_1, \hat{\boldsymbol{x}}; \boldsymbol{v}) \in T$，对于所有的向量 $\hat{\boldsymbol{x}} \equiv (x_2, x_3, \cdots, x_I)$ 和 $\boldsymbol{v} \leqslant 0_J$。这里，$G(\cdot)$ 是转换函数；T 为生产可能性集合；$\hat{\boldsymbol{x}}$ 为除 x_1 之外的可变数量向量[11]。这意味着，Shaphard’s 引理保证了，从利润函数出发，依据导数的性质，得出的转换函数与生产函数，在基本特征方面，应该是完全一致的。因而，人们借助后者所得到的解释，在前者这里也应该能够得到表示。也就是说，如果给定式（6.6），并得出式（6.7），那么一般便可以得到

$$x_1 = \frac{\partial \pi}{\partial p_1} = A_1 G(A_i x_i, \boldsymbol{v}) \quad i = 2,3,\cdots,I \tag{6.8}$$

根据式（6.1），有

$$x_1 = a_1 F(a_i x_i, \boldsymbol{v}) = A_1 G(A_i x_i, \boldsymbol{v}) \quad i = 2,3,\cdots,I \tag{6.9}$$

由式（6.9）得出

$$\frac{\partial x_1}{\partial x_i} = \frac{\partial\,(a_1 F(a_i x_i, \boldsymbol{v}))}{\partial x_i} = a_1 a_i \frac{\partial F}{\partial x_i} \quad i = 2,3,\cdots,I$$

和

$$\frac{\partial x_1}{\partial x_i} = \frac{\partial\,(A_1 G(A_i x_i, \boldsymbol{v}))}{\partial x_i} = A_1 A_i \frac{\partial G}{\partial x_i} \quad i = 2,3,\cdots,I$$

另外，根据式（6.9），能够得出

$$\frac{\partial G}{\partial x_i} = \frac{\partial G\left(A_i\left(\frac{\partial \pi}{\partial p_i}\right), \boldsymbol{v}\right)}{\partial\left(\frac{\partial \pi}{\partial p_i}\right)} = A_i G_{\pi_{p_i}}$$

这里，$G_{\pi_{p_i}} = \dfrac{\partial G}{\partial \left(\dfrac{\partial \pi}{\partial p_i}\right)}$　$i=2,3,\cdots,I$

给出：

$$a_0 a_i \frac{\partial F}{\partial x_i} = A_1 A_i^{\,2} G_{\pi_{p_i}} \quad i = 2,3,\cdots,I$$

得到：

$$\frac{\partial F}{\partial x_i} = \frac{A_1}{a_1}\frac{A_i^{\,2}}{a_i} G_{\pi_{p_i}} \quad i = 2,3,\cdots,I \tag{6.10}$$

式（6.10）表明了微观生产技术边际效率与宏观变换技术效率的基本关系，特别是，当F函数和G函数都是线性齐次函数时，这个关系将会是很直接、很简单的。

由式（6.3）和式（6.10）可以得出：

$$\frac{\partial F}{\partial x_i} = \frac{A_1}{a_1}\frac{A_i^{\,2}}{a_i} G_{\pi_{p_i}} = \frac{1}{a_1}\frac{e_i}{a_i}\frac{p_i}{p_1} \quad i = 2,3,\cdots,I$$

和

$$G_{\pi_{p_i}} = \frac{1}{A_1}\frac{e_i}{A_i^{\,2}}\frac{p_i}{p_1} \quad i = 2,3,\cdots,I$$

令

$$\ln(G_{\pi_{p_i}}(t)) = -\ln A_1(t) - 2\ln A_i(t) + \ln e_i(t) + \ln p_i(t) - \ln p_1(t)$$

这里，t——时间。

由此可以得出：

$$\frac{\mathrm{d}G_{\pi_{p_i}}}{\mathrm{d}t}\frac{1}{G_{\pi_{p_i}}} = -\frac{\mathrm{d}A_1}{\mathrm{d}t}\frac{1}{A_1} - 2\frac{\mathrm{d}A_i}{\mathrm{d}t}\frac{1}{A_i} + \frac{\mathrm{d}e_i}{\mathrm{d}t}\frac{1}{e_i} + \frac{\mathrm{d}p_i}{\mathrm{d}t}\frac{1}{p_i} - \frac{\mathrm{d}p_1}{\mathrm{d}t}\frac{1}{p_1}$$

$$\frac{\mathrm{d}G_{\pi_{p_i}}}{\mathrm{d}t}\frac{1}{G_{\pi_{p_i}}} - \frac{\mathrm{d}e_i}{\mathrm{d}t}\frac{1}{e_i} - \frac{\mathrm{d}p_i}{\mathrm{d}t}\frac{1}{p_i} + \frac{\mathrm{d}p_1}{\mathrm{d}t}\frac{1}{p_1} = -\frac{\mathrm{d}A_1}{\mathrm{d}t}\frac{1}{A_1} - 2\frac{\mathrm{d}A_i}{\mathrm{d}t}\frac{1}{A_i}$$

同理，令

$$\ln(F_{\pi_{p_i}}(t)) = -\ln a_1(t) - \ln a_i(t) + \ln e_i(t) + \ln p_i(t) - \ln p_1(t)$$

这里，$F_{\pi_{p_i}} = \frac{\partial F}{\partial x_i} = \frac{\partial F}{\partial\left(\frac{\partial \pi}{\partial p_i}\right)}$

根据式（6.4）有：

$$\frac{\mathrm{d}F_{\pi_{p_i}}}{\mathrm{d}t}\frac{1}{F_{\pi_{p_i}}} = -\frac{\mathrm{d}a_1}{\mathrm{d}t}\frac{1}{a_1} - \frac{\mathrm{d}a_i}{\mathrm{d}t}\frac{1}{a_i} + \frac{\mathrm{d}p_i}{\mathrm{d}t}\frac{1}{p_i} + \frac{\mathrm{d}e_i}{\mathrm{d}t}\frac{1}{e_i} - \frac{\mathrm{d}p_1}{\mathrm{d}t}\frac{1}{p_1}$$

$$\frac{\mathrm{d}F_{\pi_{p_i}}}{\mathrm{d}t}\frac{1}{F_{\pi_{p_i}}} - \frac{\mathrm{d}e_i}{\mathrm{d}t}\frac{1}{e_i} - \frac{\mathrm{d}p_i}{\mathrm{d}t}\frac{1}{p_i} + \frac{\mathrm{d}p_1}{\mathrm{d}t}\frac{1}{p_1} = -\frac{\mathrm{d}a_1}{\mathrm{d}t}\frac{1}{a_1} - \frac{\mathrm{d}a_i}{\mathrm{d}t}\frac{1}{a_i}$$

如果有

$$\frac{\mathrm{d}G_{\pi_{p_i}}}{\mathrm{d}t}\frac{1}{G_{\pi_{p_i}}} - \frac{\mathrm{d}F_{\pi_{p_i}}}{\mathrm{d}t}\frac{1}{F_{\pi_{p_i}}} = -\frac{\mathrm{d}A_1}{\mathrm{d}t}\frac{1}{A_1} - 2\frac{\mathrm{d}A_i}{\mathrm{d}t}\frac{1}{A_i} + \frac{\mathrm{d}a_1}{\mathrm{d}t}\frac{1}{a_1} + \frac{\mathrm{d}a_i}{\mathrm{d}t}\frac{1}{a_i} \leqslant 0$$

$$i = 2,3,\cdots,I \tag{6.11}$$

意味着超量供给将在宏观的国民收入水平上表现为一般的现象，而不只是微观水平上的个别情况。由此，也可以看出，仅凭转换函数中的技术扩张程度，便得出生产中出现超量供给的断言，可能是不很准确的。

但是，式（6.11）可以整理成

$$\left(\frac{\mathrm{d}a_1}{\mathrm{d}t}\frac{1}{a_1} - \frac{\mathrm{d}A_1}{\mathrm{d}t}\frac{1}{A_1}\right) + \left(\frac{\mathrm{d}a_i}{\mathrm{d}t}\frac{1}{a_i} - 2\frac{\mathrm{d}A_i}{\mathrm{d}t}\frac{1}{A_i}\right) \leqslant 0 \quad i = 2,3,\cdots,I \tag{6.12}$$

在这里，如果存在

$$\frac{\mathrm{d}a_1}{\mathrm{d}t}\frac{1}{a_1} = \frac{\mathrm{d}A_1}{\mathrm{d}t}\frac{1}{A_1}$$

而

$$\frac{\mathrm{d}a_i}{\mathrm{d}t}\frac{1}{a_i}\leqslant\frac{1}{2}\left(\frac{\mathrm{d}A_i}{\mathrm{d}t}\frac{1}{A_i}\right)$$

那么，式（6.11）必将成立。这意味着，对于所分析的目标部门而言，其微观水平上的平均部门技术进步率与宏观水平上的相等，而其微观水平的投入因子技术扩张增长率不高于这种因子的平均部门技术进步率的1/2，那么，目标产品的超量供给就将明显地成为宏观的现象。由此看出，在判断超量供给的存在方面，转换函数所给出的信息通常会是有效的，虽然不很精确。

依据共同的假设前提条件，当这里的 $x_i(i=2,3,\cdots,I)$ 为投入，即为中间产品时，A_1 和 $A_i(i=2,3,\cdots,I)$ 与式（6.3）里的 a_1 和 $a_i(i=2,3,\cdots,I)$ 是一致的。因此，借助式（6.8）可以分析式（6.3）中所涵盖的基本性质。本章以下部分即从式（6.8）出发，阐述由式（6.5）所得出的农业超量供给的概念。

6.3 转换函数与农业超量供给分析

为了更精确地表述农业市场的结构，我们曾经给出了这样的GNP函数[12]：

$$\mathrm{GNP}=\pi(\boldsymbol{p};\boldsymbol{v})=\pi(p_h,p_{k_1},p_{k_2},p_{k_3},\boldsymbol{v})\tag{6.13}$$

式中，$\pi(\cdot)$——国民收入总值；

$\boldsymbol{p}$——市场价格向量，$\boldsymbol{p}=(p_h,\ p_{k_1},\ p_{k_2},\ p_{k_3})$；

$\boldsymbol{v}$——资源禀赋向量，$\boldsymbol{v}=(v_1,\ v_2,\ \cdots,\ v_J)$；

$\boldsymbol{p}_h$——非农产品国内生产价格向量，$\boldsymbol{p}_h=(p_{h_1},\ p_{h_2},\ \cdots,\ p_{h_H})$；

$\boldsymbol{p}_{k_1}$——农产品国内生产价格向量，$\boldsymbol{p}_{k_1}=(p_{k_{11}},\ p_{k_{12}},\ \cdots,\ p_{k_{1K_1}})$；

$\boldsymbol{p}_{k_2}$——农产品出口价格向量，$\boldsymbol{p}_{k_2}=(p_{k_{21}},\ p_{k_{22}},\ \cdots,\ p_{k_{2K_2}})$；

$\boldsymbol{p}_{k_3}$——农产品进口价格向量，$\boldsymbol{p}_{k_3}=(p_{k_{31}},\ p_{k_{32}},\ \cdots,\ p_{k_{3K_3}})$。

这里，有 $H+K_1+K_2+K_3=I$，$J\geqslant I$，即资源禀赋的数目不少于价格体系里元素的总数目，和 $\boldsymbol{p}\gg 0_I$ 和 $\boldsymbol{v}\leqslant 0_J$，即所有的价格元素均为正的，资源的数量为非正的[13]。

在式（6.13）的基础上，要分析农产品超量供给的情况，可以容易地将分析的目标集中于 $\boldsymbol{p}_{k_1}$ 和 $\boldsymbol{p}_{k_2}$ 所显示的内容，即把着眼点放在国内农产品供给和国际出口上，从而把它们所对应的数量分别视为转换函数的目标集合，即在具体的转换函数里，把它们中的各个元素分别作为上述分析中的 x_1，而把式（6.13）剩余的所有价格对应的可变数量视为 x_i，从而得出相应转换函数的技术参数。假设微观的生产函数已经给定，即生产技术已经确定，并且假定农产品是依据这个生产技术统一生产的，即得出了统一的 a_1 和 a_i，那么，由于国内供给的和出口的转换函数不是统一的一个，一般地讲，其变换技术参数肯定有别。于是，便可以根据上述分析结果，分析这两种变换对于农业生产超量供给的不同作用，从而识别出不同贸易方向对生产技术的实际作用。

由此，设农产品国内供给与出口的转换函数分别为：

$$x_{k_{11}}=A_{k_{11}}G_{\pi_{p_{k1}}}(A_{p_{h_d}}\pi_{p_{h_d}},\ A_{p_{k_{1f}}}\pi_{p_{k_{1f}}},\ A_{p_{k_{2l}}}\pi_{p_{k_{2l}}},\ A_{p_{k_{3r}}}\pi_{p_{k_{3r}}},\ \boldsymbol{v})$$

$d=1,\ 2,\ \cdots,\ H$；$f=2,\ 3,\ \cdots,\ K_1$；$l=1,\ 2,\ \cdots,\ K_2$；$r=1,\ 2,\ \cdots,\ K_3$　　(6.14)

$$x_{k_{21}}=A_{k_{11}}G_{\pi_{p_{k2}}}(A_{p_{h_d}}\pi_{p_{h_d}},\ A_{p_{k_{1f}}}\pi_{p_{k_{1f}}},\ A_{p_{k_{2l}}}\pi_{p_{k_{2l}}},\ A_{p_{k_{3r}}}\pi_{p_{k_{3r}}},\ v)$$

$d=1,\ 2,\ \cdots,\ H$；$f=1,\ 2,\ \cdots,\ K_1$；$l=2,\ 3,\ \cdots,\ K_2$；$r=1,\ 2,\ \cdots,\ K_3$　　(6.15)

式中，$x_{k_{11}}$——第 1 种国内供给的农产品数量；

$x_{k_{21}}$——第 1 种出口的农产品数量；

A——变换中的技术系数，$A=(A_{p_{h_d}}, A_{p_{k_{1f}}}, A_{p_{k_{2l}}}, A_{p_{k_{3r}}})$；

$G_{\pi_{p_{k1}}}$——农产品国内供给的转换函数；

$G_{\pi_{p_{k2}}}$——农产品出口的转换函数；

π_p——经济体的需求数量，$\pi_p=\frac{\partial \pi}{\partial p}$；$p=(p_h, p_{k_1}, p_{k_2}, p_{k_3})$。

设已经得出的微观生产函数为：

$x_1=a_1F(a_ix_i, v) \quad i=2, \cdots, H, H+1, \cdots, H+K_1, \cdots, H+K_1+K_2, \cdots, H+K_1+K_2+K_3$

那么，根据式（6.11），便可以测定超量供给在转换函数里的表现，从而测定生产中实际存在的超量供给在宏观水平上如何表现。其中：

$$\frac{\mathrm{d}G_{\pi_{p_{k_{11}}}}}{\mathrm{d}t}\frac{1}{G_{\pi_{p_{k_{11}}}}}-\frac{\mathrm{d}F_{\pi_{p_{k_{11}}}}}{\mathrm{d}t}\frac{1}{F_{\pi_{p_{k_{11}}}}}=-\frac{\mathrm{d}A_{p_{k_{11}}}}{\mathrm{d}t}\frac{1}{A_{p_{k_{11}}}}-2\frac{\mathrm{d}A_{p_{k_{1i}}}}{\mathrm{d}t}\frac{1}{A_{p_{k_{1i}}}}+\frac{\mathrm{d}a_1}{\mathrm{d}t}\frac{1}{a_1}+\frac{\mathrm{d}a_i}{\mathrm{d}t}\frac{1}{a_i}\overset{?}{\leqslant}0$$

$$i=2, \cdots, H, H+1, \cdots, H+K_1, \cdots, H+K_1+K_2, \cdots, H+K_1+K_2+K_3 \tag{6.16}$$

将示明第 1 种国内供给的农产品在国内生产转换函数中的超量供给状况；

$$\frac{\mathrm{d}G_{\pi_{p_{k_{21}}}}}{\mathrm{d}t}\frac{1}{G_{\pi_{p_{k_{21}}}}}-\frac{\mathrm{d}F_{\pi_{p_{k_{21}}}}}{\mathrm{d}t}\frac{1}{F_{\pi_{p_{k_{21}}}}}=-\frac{\mathrm{d}A_{p_{k_{21}}}A_{k_{21}}}{\mathrm{d}t}\frac{1}{A_{p_{k_{21}}}}-2\frac{\mathrm{d}A_{p_{k_{2i}}}}{\mathrm{d}t}\frac{1}{A_{p_{k_{2i}}}}+\frac{\mathrm{d}a_1}{\mathrm{d}t}\frac{1}{a_1}+\frac{\mathrm{d}a_i}{\mathrm{d}t}\frac{1}{a_i}\overset{?}{\leqslant}0$$

$i=2, \cdots, H, H+1, \cdots, H+K_1, \cdots, H+K_1+K_2, \cdots, H$

$+K_1+K_2+K_3$ (6.17)

将示明第 1 种出口的农产品在国内生产转换函数中的超量供给状况；

$$\frac{\mathrm{d}G_{\pi_{p_{k_{31}}}}}{\mathrm{d}t}\frac{1}{G_{\pi_{p_{k_{31}}}}}-\frac{\mathrm{d}F_{\pi_{p_{k_{31}}}}}{\mathrm{d}t}\frac{1}{F_{\pi_{p_{k_{31}}}}}=-\frac{\mathrm{d}A_{k_{31}}}{\mathrm{d}t}\frac{1}{A_{k_{31}}}-2\frac{\mathrm{d}A_{p_{k_{3i}}}}{\mathrm{d}t}\frac{1}{A_{p_{k_{3i}}}}+\frac{\mathrm{d}a_1}{\mathrm{d}t}\frac{1}{a_1}$$

$$+\frac{\mathrm{d}a_i}{\mathrm{d}t}\frac{1}{a_i}\overset{?}{\leqslant}0$$

$i=2, \cdots, H, H+1, \cdots, H+K_1, \cdots, H+K_1+K_2, \cdots, H+K_1+K_2+K_3$ (6.18)

将示明第 1 种进口农产品对于国内生产转换函数中的超量供给状况。

值得注意的是，在式（6.18）中，若进口的农产品通常为消费替代的，那么，可能通常存在$\frac{\mathrm{d}a_i}{\mathrm{d}t}\frac{1}{a_i}=0$。这样，在$\frac{\mathrm{d}A_{p_{k_{3i}}}}{\mathrm{d}t}\frac{1}{A_{p_{k_{3i}}}}>0$时，似乎式（6.18）更容易为“$\leqslant 0$”，即更容易呈现为变换的超量供给。这意味着，在进口价格下降，进口数量在经济体中的效应增强时，内部生产的超量供给更容易呈现为宏观的超量供给。其相对效应应该与有关行为分析的结果相近似，即鼓励生产中替代投入的技术的增长[14]。

式（6.16）与式（6.17）的差，即

$$-\frac{\mathrm{d}A_{p_{k_{11}}}}{\mathrm{d}t}\frac{1}{A_{p_{k_{11}}}}-2\frac{\mathrm{d}A_{p_{k_{1i}}}}{\mathrm{d}t}\frac{1}{A_{p_{k_{1i}}}}-\left(-\frac{\mathrm{d}A_{p_{k_{21}}}A_{k_{21}}}{\mathrm{d}t}\frac{1}{A_{p_{k_{21}}}}-2\frac{\mathrm{d}A_{p_{k_{2i}}}}{\mathrm{d}t}\frac{1}{A_{p_{k_{2i}}}}\right)$$

将示明农产品在宏观变换水平上，国内供给与出口对农业技术的实际作用。特别是，在

$$-\frac{\mathrm{d}A_{p_{k_{11}}}}{\mathrm{d}t}\frac{1}{A_{p_{k_{11}}}}-2\frac{\mathrm{d}A_{p_{k_{1i}}}}{\mathrm{d}t}\frac{1}{A_{p_{k_{1i}}}}+\frac{\mathrm{d}a_1}{\mathrm{d}t}\frac{1}{a_1}+\frac{\mathrm{d}a_i}{\mathrm{d}t}\frac{1}{a_i}<0$$

和

$$-\frac{\mathrm{d}A_{p_{k_{21}}}A_{k_{21}}}{\mathrm{d}t}\frac{1}{A_{p_{k_{21}}}}-2\frac{\mathrm{d}A_{p_{k_{2i}}}}{\mathrm{d}t}\frac{1}{A_{p_{k_{2i}}}}+\frac{\mathrm{d}a_1}{\mathrm{d}t}\frac{1}{a_1}+\frac{\mathrm{d}a_i}{\mathrm{d}t}\frac{1}{a_i}<0$$

都成立时，再通过

$$-\frac{\mathrm{d}A_{p_{k_{11}}}}{\mathrm{d}t}\frac{1}{A_{p_{k_{11}}}}-2\frac{\mathrm{d}A_{p_{k_{1i}}}}{\mathrm{d}t}\frac{1}{A_{p_{k_{1i}}}}-\left(-\frac{\mathrm{d}A_{p_{k_{21}}}A_{k_{21}}}{\mathrm{d}t}\frac{1}{A_{p_{k_{21}}}}-2\frac{\mathrm{d}A_{p_{k_{2i}}}}{\mathrm{d}t}\frac{1}{A_{p_{k_{2i}}}}\right)\overset{?}{\leqslant}0 \tag{6.19}$$

便可以进一步地验明，农产品的“国内供给”与“出口”这两项，在宏观水平上，哪一项更加促进了超量供给的发展，或者说，到底是哪一项更加“拉动”了农业生产技术的进步。

参考文献

[1] 孙中才. 农业经济数理分析 [M]，北京：中国农业出版社，2006：42-52.

[2] Harrigan, J. , Technology, Factor Supplies, and International Specialization: Estimating the Neoclassical Model [J], The American Economic Review 87 (September 1997): 475-94.

[3] 孙中才. *G* 函数与经济学的新进展 [J]，《汕头大学学报》（人文社会科学版），2006 (6)：20-24.

[4] Samuelson, P. A. , Foundations of Economic Analysis, Cambridge [M]. MA: Harvard University Press, 1947: 24.

[5] Nerlove, M. , Further Evidence on the Estimation of Dynamic Economic Relations From a Time Series of Cross Sections [A], Econometrica 39 (March

1971)：359-82.

[6] Fisher，F. M.，and K. Shell，The Economic Theory of Price Indexes [M]. New York：Academic Press，1972：27-31.

[7] Gopinath，M. and L. Kennedy (2000)，Agricultural Trade and Productivity Growth：A State-level Analysis [J]，American Journal of Agricultural Economics，82 (5) (Number 5，2000)：1213-1218.

[8] 孙中才. 技术性贸易壁垒的经济效应 [J]. 汕头大学学报（人文社会科学版），2005 (2)：24-31.

[9] Diewert，W. E. (1973)，Functional Forms for Profit and Transformation Functions [J]，Journal of Economic Theory 6 (1973)，284-316.

[10] 孙中才. 国际贸易与农业经济效应 [J]，中国人民大学农村发展研究所研究报告，2003 (1).

[11] Shaphard，R.. Cost and Production Functions，Princeton [M]. NJ：Princeton University Press，1953：151-153.

[12] 孙中才. G 函数与国民经济分析 [J]. 汕头大学学报（人文社会科学版），2007 (4)：32-36.

[13] Debreu，G.. Theory of Value：An Axiomatic Analysis of Economic Equilibrium [M]. J. Wiley and Sons，New York，1959：27-29.

[14] 同参考文献 [3].

第 7 章　创意农业与休闲预算

7.1 引　言

随着经济工业化的进展，城镇兴起，休闲时间增加，生活质量需求增大，令农业与非农业之间，农村与城市之间，以及非农业的经济产业之间，均出现了新的文化交流状态，产生了两种情况的创新性经营：一种是新的产业；另一种是在原有产业的基础上增添了新的产出价值，导致它们具有了新的价格附加。例如，现在通常所说的文化创意产业即属于前一种；而创意农业等则属于后一种[1]。作为一种新的农业经营实践，创意农业呈现为对原来基础性农业生产的效益扩张[2]。

创意农业与经济的工业化、人口结构城市密集化和休闲需求自然化有直接关系。其中，生产部门的技术水平，特别是非农业部门的技术水平，对创意农业有着重要的效应。事实表明，创意农业总是首先发端于经济发展水平较高、科技文化水平较高和人口密集的城市附近，然后才逐步地发展或扩展到其他城市或地区。例如，21世纪之初，中国的创意农业就仅仅起步于北京、上海等大城市郊区[1]。简单地从经济的角度来看，除去其他条件不谈，这间接地与这些城市的休闲需求有关，并直接地与这些城市的休闲需求所导致的自然化支出规模相关。

资料表明，就农业生产而言，大多数创意农业并没有改变基础农业生产的内部技术结构，即并没有增添农产品的技术含量（没有给原有基础产出带来明显的质量和数量变化），但却表现为对农业产出效益的明显扩张。由此可以看出，在经济结构的严格意义上讲，创意的结果仅可以定义为利益系数的扩张乘数，而不能是原有基础农业产出的技术扩张（质量扩张），也不能是数量扩张，尽管在数学运算上既可以视为技术的扩张，也可以视为数量的扩张，还可以视为利益系数扩张与这两种扩张的同时出现。这完全类似于单纯的价格上涨的情况[3]。为便于进行分析，似乎最简单的办法就是把创意结果处理为价格的上涨系数。

这样，似乎在 G 函数的框架内，运用两部门分析，结合古典主义的要素概念，可以得出一个关于创意农业与休闲预算的陈述模型。从准确和精确的意义上讲，这个模型可能更适合于对一个地区的描述，因为一个地区的经济结构和规模，可能会更加满足这个模型所要求的相对完整程度。从这个模型出发，通过惯常的效应分析即可把创意农业内在的经济结构分析清楚，从而揭示某些规律。

下文首先在 G 函数的框架里，运用两部门分析结构，建立了一个价格增长形式的利润函数。其中，创意指数为农业价格增长的一个系数。继之，在对这个模型内部结构及其功能进行分析的基础上，揭示和解释有关规律的可能性。

7.2　创意指数与创意作用

根据上述推想的结果，借助 G 函数，可以把包含创意农业的地区经济两部门结构陈述如下：

$$G=\pi(a_1(c_1p_1)\quad a_2p_2;\quad v_1\quad v_2\quad v_3\quad v_4\quad v_5)\qquad(7.1)$$

式中，π（·）——地区利润函数；

a_1——农业平均技术；

c_1——农业创意指数；

p_1——农业产出的价格；

a_2——非农业部门的技术；

p_2——非农产品的价格；

v_1——休闲预算投入数量；

v_2——农业劳动力数量；

v_3——农业资本数量；

v_4——非农业劳动力数量；

v_5——非农业资本数量。

由式（7.1）的结构和其中因子的定义大体上可以看出，这是一个运用两部门结构来进行分析的模型。而约束条件的结构，即给定的 v_1，…，v_5 的定义表明，这是考虑了休闲预算、劳动力和资本这3类固定投入数量的。其中，劳动力和资本为主要成分。因而，可以认为式（7.1）是一个两部门结构的新古典主义外加特定约束条件的模型[4]。又由于式中把技术直接显示为价格增长的系数，所以又可以认为，这是一个分析价格增长效应的初始结构。根据 G 函数的性质，一个具体产业的技术变化描述能够以同样方法化为这个具体产业的价格增长模型[3]。因为创意农业只是农业产出价格的扩张系数，为清楚起见，在式中将其表示成了（c_1p_1），即用括号把创意指数与价格连在一起，以示它在直观意义上不是农业技术的扩张系数。

式（7.1）的 Jacobi 向量为：

$$\left[\frac{\partial \pi}{\partial a_1}p_1c_1+\frac{\partial \pi}{\partial p_1}a_1c_1+\frac{\partial \pi}{\partial c_1}a_1p_1,\ \frac{\partial \pi}{\partial a_2}p_2+\frac{\partial \pi}{\partial p_2}a_2,\ -\frac{\partial \pi}{\partial v_1},\ -\frac{\partial \pi}{\partial v_2},\ -\frac{\partial \pi}{\partial v_3},\ -\frac{\partial \pi}{\partial v_4},\ -\frac{\partial \pi}{\partial v_5}\right] \tag{7.2}$$

式中，根据 Hotelling 引理，有：

$$x_1=\frac{\partial \pi}{\partial a_1}p_1c_1+\frac{\partial \pi}{\partial p_1}a_1c_1+\frac{\partial \pi}{\partial c_1}a_1p_1 \tag{7.3}$$

x_1 为农业产出的供给数量。还有：

$$x_2=\frac{\partial \pi}{\partial a_2}p_2+\frac{\partial \pi}{\partial p_2}a_2 \tag{7.4}$$

x_2 为非农业产品的供给数量。

根据 $\eta_{x_1}(a_1)=\frac{1}{2}+\frac{1}{2}\eta_{x_1}(p_1)+\frac{1}{2}\eta_{x_1}(c_1)$，由式（7.3）可以得出[5]：

$$\eta_{x_1}(c_1)=2\eta_{x_1}(a_1)-1-\eta_{x_1}(p_1) \tag{7.5}$$

式中，$\eta_{x_1}(c_1)$——农业产出 x_1 对创意指数 c_1 的弹性；

$\eta_{x_1}(a_1)$——农业产出 x_1 对农业技术 a_1 的弹性；

$\eta_{x_1}(p_1)$——农业产出 x_1 对农业产出价格 p_1 的弹性。

从式（7.5）中容易看出，若 $\eta_{x_1}(p_1)$ 的值不变，如果 $\eta_{x_1}(a_1)$ 的值增大，那么，$\eta_{x_1}(c_1)$ 的值会随之增大；反之，若 $\eta_{x_1}(c_1)$ 的值增大，$\eta_{x_1}(a_1)$ 的值也会随之增大。若 $\eta_{x_1}(a_1)$ 的值不变，如果 $\eta_{x_1}(p_1)$的值增大，则 $\eta_{x_1}(c_1)$ 的值会随之减小；反之，若 $\eta_{x_1}(c_1)$ 的值减小，$\eta_{x_1}(p_1)$ 的值会随之增大。由此可以知道，从一般意义上讲，创意农业对于农业技术的采用和发展有激励作用，促进农业产出对农业技术的积极反应，弹性增大。或者说，农业生产对农业本身的技术弹性增大，采用和发展技术的效果明显时，若其他条件不变，这会增大农业产出对创意指数的弹性。相反，创意农业对于农业产出的价格，则有一定的抑制作用，降低农业产出对农产品价格的反应，减小弹性。

从式（7.2）中还可以导出下列替代弹性：

$$\sigma_{x_1c_1}=\pi\left(\frac{\partial\pi}{\partial(a_1\ (c_1p_1))}\right)^{-1}\left(\frac{\partial^2\pi}{\partial(a_1\ (c_1p_1))\ \partial c_1}\right)\left(\frac{\partial\pi}{\partial c_1}\right)^{-1}$$
$$=\sigma_{a_1c_1}+\sigma_{p_1c_1}+1 \tag{7.6}$$

这里，$\sigma_{x_1c_1}$——农业产出对创意农业的替代弹性；其中，$\sigma_{a_1c_1}$——农业技术对创意农业的替代弹性；$\sigma_{p_1c_1}$——农产品价格对创意农业的替代弹性。

$$\sigma_{x_2c_1}=\pi\left(\frac{\partial\pi}{\partial(a_2p_2)}\right)^{-1}\left(\frac{\partial^2\pi}{\partial(a_2p_2)\ \partial c_1(l)}\right)\left(\frac{\partial\pi}{\partial c_1(l)}\right)^{-1}$$
$$=\sigma_{a_2c_1}+\sigma_{p_2c_1} \tag{7.7}$$

这里，$\sigma_{x_2c_1}$——非农业产出对创意农业的替代弹性。其中，$\sigma_{a_2c_1}$——非农业技术对创意农业的替代弹性；$\sigma_{p_2c_1}$——非农业产出的价格对创意农业的替代弹性。

$$\sigma_{v_1c_1}=\pi\left(\frac{\partial\pi}{\partial c_1}\right)^{-1}\left(-\frac{\partial^2\pi}{\partial v_1\ \partial c_1}\right)\left(-\frac{\partial\pi}{\partial v_1}\right)^{-1} \tag{7.8}$$

这里，$\sigma_{v_1c_1}$——创意农业对休闲预算的替代弹性。

$$\sigma_{v_2c_1}=\pi\left(\frac{\partial\pi}{\partial c_1}\right)^{-1}\left(-\frac{\partial^2\pi}{\partial v_2\ \partial c_1}\right)\left(-\frac{\partial\pi}{\partial v_2}\right)^{-1} \tag{7.9}$$

这里，$\sigma_{v_2c_1}$——创意农业对农业劳动力的替代弹性。

$$\sigma_{v_3c_1}=\pi\left(\frac{\partial\pi}{\partial c_1}\right)^{-1}\left(-\frac{\partial^2\pi}{\partial v_3\ \partial c_1}\right)\left(-\frac{\partial\pi}{\partial v_3}\right)^{-1} \tag{7.10}$$

这里，$\sigma_{v_3c_1}$——创意农业对农业资本的替代弹性。

$$\sigma_{v_4c_1} = \pi\left(\frac{\partial\pi}{\partial c_1}\right)^{-1}\left(-\frac{\partial^2\pi}{\partial v_4\,\partial c_1}\right)\left(-\frac{\partial\pi}{\partial v_4}\right)^{-1} \tag{7.11}$$

这里，$\sigma_{v_4c_1}$——创意农业对非农业劳动力的替代弹性。

$$\sigma_{v_5c_1} = \pi\left(\frac{\partial\pi}{\partial c_1}\right)^{-1}\left(-\frac{\partial^2\pi}{\partial v_5\,\partial c_1}\right)\left(-\frac{\partial\pi}{\partial v_5}\right)^{-1} \tag{7.12}$$

这里，$\sigma_{v_5c_1}$——创意农业对非农业资本的替代弹性。

7.3　讨论与结论

通过事前分析所得出的式（7.1）表明，创意农业是对原有农业生产价值的扩张，在 G 函数的结构中，其特征可以而且仅仅可以直接表示为价格的而不是技术的扩张系数。这一系数如同一般的价格上涨率一样，其几何形状，应该是一条 Logistic 曲线（Logistic Curve）。Logistic 曲线有其自身的变化规律[5]。于是，依据这条逻辑曲线必定遵循的变化规律，借助上面已经得出的有关弹性，便可以深入分析创意指数的变化对初始模型里其他变量和参数的效应，从而归纳出创意农业运动的经济规律[6]。

7.3.1　创意增长的两个常见情况

容易理解，对于创意指数 c，有 $c=\left(1+\frac{dc_1}{c_1}\right)$，即将其设为一个价格上涨系数，其中，$\frac{dc_1}{c_1}$为上涨率。因为是涨价，有 $dc_1>0$，并因此有：

$$d(\ln c) = \frac{dc}{c} = d\left(1+\frac{dc_1}{c_1}\right)\Big/\left(1+\frac{dc_1}{c_1}\right) = \left(d^2c_1 - \frac{(dc_1)^2}{c_1}\right)\Big/(c_1+dc_1) \tag{7.13}$$

在式（7.13）中，舍去$\left(d^2c_1-\frac{(dc_1)^2}{c_1}\right)=0$这个特殊点，还有两种明显的情况：

因为有$dc_1>0$，一种是当$d^2c_1\leqslant 0$时，必有$\left(d^2c_1-\frac{(dc_1)^2}{c_1}\right)<0$，有$d(\ln c_1)<0$，即其符号为“－”，并导致式（7.5）有：

$$\eta_{x_1}(c_1)=d\left(\ln\frac{\partial\pi}{\partial(a_1(c_1p_1))}\right)/d(\ln c_1)=2\eta_{x_1}(a_1)-1-\eta_{x_1}(p_1)<0 \tag{7.14}$$

即此时农业产出对创意农业的弹性符号也为“－”。

另一种是当$d^2c_1>0$时，才可能有$\left(d^2c_1-\frac{dc_1}{c_1}\right)>0$，也才可能有$d(\ln c_1)>0$，即其符号为“＋”，并导致式（7.5）有：

$$\eta_{x_1}(c_1)=d\left(\ln\frac{\partial\pi}{\partial(a_1(c_1p_1))}\right)/d(\ln c_1)=2\eta_{x_1}(a_1)-1-\eta_{x_1}(p_1)>0 \tag{7.15}$$

即这时农业产出对创意农业的弹性符号也为“＋”。

这是涨价效应的两个常见情况[7]。

7.3.2 创意增长的一般结果

由式（7.13）所包含的这两个常见情况出发，可以作如下分析。与一般生产技术一样，创意农业的发展也是一个“自然成长过程”，即变化遵循着一般的Logistic曲线，那么在现实经济中能够观察到，前一种情况是创意农业处于稳定增长期，即处于Logistic曲线为凹的部分，其二阶导数为非正；后一种情况则是创意农业处于快速增长期，即处于Logistic曲线为凸的部分，其二阶导数为正。然而，在后一种情况里，只有当 $dc_1>0$ 且值很小，例如 $dc_1\rightarrow 0$，$d^2c_1>0$ 且足够大时，才能出现 $d(\ln c_1)>0$。这很可能只发生在创意农业出现时的最初阶段上，因为只有在 Logistic 曲线的最初阶段上才能有 $dc_1\rightarrow 0$ 和 $d^2c_1>0$，也就是式（7.15）才成立。这样，可以认为，式（7.14）会是常见的一般情况。

由此可以看出，创意农业对农业产出的 Hicks 中性技术进步弹性的作用，是随着自身的发展，由增强到减缓而变化的。而且，在一般情况下，从作用期间上来看，减缓的作用远大于增强。因而，一般地讲，创意农业的发展趋势，是减缓农业 Hicks 中性技术进步的。

然而，根据式（7.5）和上文已经分析过的结果可以看出，在农业产出对创意农业的弹性与农业产出对农业技术的弹性之间，存在一致性互动。因此，反过来讲，若其他条件不变，农业技术的进步反倒会增加创意农业对农业产出的效应，即增大创意农业对农业产出的弹性。

另外，根据转换函数的定义，可以得出：

$$x_1 = a_1 f_1(x_2)$$

$$x_2 = a_2 f_2$$

因为转换函数都是线性齐次的，因而可以得出：

$$x_1 = a_1 a_2 f_1(f_2)$$

由此可以得到：

$$\frac{\partial x_1}{\partial c_1} = \frac{\partial a_1}{\partial c_1} a_2 f_1(f_2) + \frac{\partial a_2}{\partial c_1} a_1 f_1(f_2) + \frac{\partial f_1}{\partial f_2}\frac{\partial f_2}{\partial c_1} a_1 a_2$$

根据式（7.6），有

$$
\begin{aligned}
\sigma_{x_1c_1} &= \pi\,(x_1)^{-1}\left(\frac{\partial x_1}{\partial c_1}\right)\left(\frac{\partial \pi}{\partial c_1}\right)^{-1} \\
&= \pi\,(a_1a_2f_1(f_2))^{-1}\left(\frac{\partial a_1}{\partial c_1}a_2f_1(f_2)+\frac{\partial a_2}{\partial c_1}a_1f_1(f_2)+\right. \\
&\qquad \left.\frac{\partial f_1}{\partial f_2}\frac{\partial f_2}{\partial c_1}a_1a_2\right)\left(\frac{\partial \pi}{\partial c_1}\right)^{-1} \\
&= \pi\left(\frac{\partial a_1}{a_1\,\partial c_1}+\frac{\partial a_2}{a_2\,\partial c_1}+\frac{\partial f_1}{\partial f_2}\frac{\partial f_2}{\partial c_1}\,(f_1(f_2)^{-1})\right)\left(\frac{\partial \pi}{\partial c_1}\right)^{-1} \\
&= \pi\,\frac{\partial a_1}{a_1\,\partial \pi}+\pi\,\frac{\partial a_2}{a_2\,\partial \pi}+\pi\,\frac{\partial f_1}{\partial \pi}\frac{1}{f_1} \\
&= \eta_{a_1}(\pi)+\eta_{a_2}(\pi)+\eta_{f_1}(\pi)
\end{aligned}
\tag{7.16}
$$

这里，$\eta_{a_1}(\pi)$——农业技术 a_1 对利润 π 的弹性，$\eta_{a_1}(\pi)=\frac{\partial a_1}{a_1}\frac{\pi}{\partial \pi}$；

$\eta_{a_2}(\pi)$——非农业技术 a_2 对利润 π 的弹性，$\eta_{a_2}(\pi)=\frac{\partial a_2}{a_2}\frac{\pi}{\partial \pi}$；

$\eta_{f_1}(\pi)$——农业转换函数 f_1 对利润 π 的弹性，$\eta_{f_1}(\pi)=\frac{\partial f_1}{f_1}\frac{\pi}{\partial \pi}$。

式（7.16）表明，创意农业对农业产出的替代弹性 $\sigma_{x_1c_1}$ 可以解释为农业生产转换中的弹性和。容易注意到，这个替代弹性是同向替代的，意味着，农业产出会随着创意农业的增减变化而同向增减，自然，也是随着两部门的技术和农业自身的生产对利润的反应而同向变化的。或许，这很容易得到实验数据的支持[8]。

7.3.3 创意增长对两部门发展的效应

此外，上述分析结果还表明了，农业产出与非农业产出之间的转换关系也决定了两部门效应的传递关系，其中包括了创意农业效应的传递[9]。由此可以看出，若总的效应不变，即使创意农业对原有基础农业和非农业这两个部门的效应都是减缓的，一般地，这两个效应也不会是完全相等的，因为技术水平、作用结果和传递效率，都可能存在差异。于是，在式（7.6）和式（7.7）中，一般地应该有：

$$\sigma_{a_1c_1}+\sigma_{p_1c_1}\neq\sigma_{a_2c_1}+\sigma_{p_2c_1} \tag{7.17}$$

进而，可以通过因子数值的比较，揭示创意农业在农业和非农业结构上的效应。例如，如果在式（7.17）中已经有 $\sigma_{a_1c_1}+\sigma_{p_1c_1}<\sigma_{a_2c_1}+\sigma_{p_2c_1}$，并且有 $\sigma_{p_1c_1}>\sigma_{p_2c_1}$，那么，明显地会有 $\sigma_{a_1c_1}<\sigma_{a_2c_1}$。这意味着，创意农业对非农业的替代效应高于对农业本身的替代效应，但其中对农产品价格的替代效应却高于对非农产品的价格效应，因而，其作用集中在了对非农业技术的替代效应上。同理，通过类似的有关比较和分析，可以揭示创意农业给这两个部门带来的其他效应，从而可以更加明确、更加精确地认识有关规律[10]。

值得注意的是，式（7.16）所做出的解释，是在实物技术层面上，是以实物转换函数为出发点的，这个出发点的结构是“纯粹”物理性的，所以推导出来的农业产出对创意农业的替代弹性，也应该视为是“纯粹”实物技术水平上的。而式（7.6）和式（7.7）则是直接从市场描述出发的，其结构是价值的表示，所推导得出的这两个部门的产出对创意农业的替代弹性，实际上是以价值来表示的。见式（7.17）。

式（7.8）～式（7.12）解释了创意农业 c_1 对各个固定投入数量 v_j 的替代弹性，$j=1$，2，…，5。它们的经济意义是很直接的。其中，式（7.8）为创意农业对休闲预算的替代弹性，即 $\sigma_{v_1c_1}$ 反映了创意农业对休闲预算的替代效应。其他的，即式（7.9）～式（7.12）

则反映了创意农业对经济要素的替代效应。

从一般经济意义上讲，如下两个替代弹性值的比较，或许对我们进一步了解创意农业的效应有重要的帮助。这便是创意农业对非农业技术的替代弹性 $\sigma_{a_2c_1}$ 和创意农业对休闲预算的替代弹性 $\sigma_{v_1c_1}$。这两个弹性的值，可以根据式（7.7）和式（7.8）分别计算出来。容易理解，$\sigma_{a_2c_1}$ 反映了创意农业对非农业技术的相对效应，也反映了前者对后者的效率比较，或者变化速率之间的差距。$\sigma_{v_1c_1}$ 则直接反映了创意农业对休闲预算的效率差距。

上述的分析结果表明，在影响休闲预算的诸因素中，非农业的技术水平不容忽视。因此，$\sigma_{a_2c_1}$ 与 $\sigma_{v_1c_1}$ 之间的差，会直接反映创意农业对社会支持源头的效应与对直接投资的回报效应之间存在的差异，从而有助于人们进一步认清创意农业的效应结构。其中，特别是可以识别出非农业技术进步对创意农业的相对独立影响的状态。这对于促进有关必要的探究，必定是有重要意义的[11]。

参考文献

[1] 章继刚. 创意农业在中国 [J]. 企业研究，2008（7）：30-41.

[2] 罗小平. 学习台湾先进理念 发展闽南创意农业 [J]. 发展研究，2007（2）：22-23.

[3] Harrigan，J. Technology，Factor Supplies，and International Specialization：Estimating the Neoclassical Model [J]. The American Economic Review，1997（87）：475-494.

[4] 孙中才. *G* 函数与新古典—两部门分析 [J]. 汕头大学学报（人文社会科学版），2009（1）：66-69.

［5］孙中才. 农产品涨价的基本效应［J］. 中国人民大学农村发展研究所研究报告，2008（1）：8-9.

［6］孙中才. G 函数与国民经济分析［J］. 汕头大学学报（人文社会科学版），2007（4）：32-36.

［7］李西林. G 函数与现代经济学派分析［J］. 汕头大学学报（人文社会科学版），2008（1）：10-14.

［8］孙中才. 科学与农业经济学［M］. 北京：中国农业出版社，2009：72-73.

［9］孙中才. 农业经济数理分析［M］. 北京：中国农业出版社，2006：191-192.

［10］McFadden，D.. Cost，Revenue，and Profit Functions［M］// M. Fuss and D. McFadden (ed.)，Production Economics：A Dual Approach to Theory and Applications，Volume 1，The Theory of Production. North-Holland Publishing Company：Amsterdam • New York • Oxford，1978：142.

［11］孙中才. 转型经济与经济转型［J］. 汕头大学学报（人文社会科学版），2010（1）：5-10.

第8章　农业科技进步与经济可持续发展

8.1 引　言

在微观水平上，科技进步对生产的影响是显而易见的，而在宏观水平上，科技进步到底是怎样影响和帮助整体经济发展的？或许人们在实际生活中已经可以很容易地感受到，但要在理论上给予明确的阐述和证明，仍然并不简单，尤其是，要在基本逻辑和实际统计数据上，能够明确地表示它们，就需要借助数学语言来做出精确的测度和定义[1]。令人可喜的是，技术进步与其他因子之间存在的关系，一直是经济学很关注的内容，甚而成了焦点之一[2]。在这里，已经发现了一些很重要的定理和推论，它们可以为后续的研究提供有力的支持[3]。

事实表明，在经济工业化的进程中，农业的进步速度通常是缓慢的，有时甚至是很落后于整体经济的。发生这种情况的主要原因是农业的科技进步不足或停滞[4]。为此，许多经济体在其经济工业化的过程中都不得不采用保护和扶持农业的手段，其中，特别是那些帮助农业科技进步的宏观干预或政策[5]。随着经济的发展，对这些做法所展开的理论探究，逐渐地与经济可持续发展的条件联系起来了，并在学术界逐步地发展出了一个专门化领域，专门研究农业科技进步与经济可持续发展的关系，涉及有关初始陈述、定义和测度等，目的在于揭示和解释有关的规律[6][7]。

一般的科学研究过程表明，具体的理论研究，直观地看，就是从理论范式出发，首先做出初始陈述；然后，再紧紧地依靠已有的推论、定理和定律，围绕问题接连地进行分析。要研究存在于农业科技进步与经济可持续发展之间的基本关系，也需要运用这种一般的科学研究过程，也就是要从当代经济学的前沿范式 G 函数出发，再紧紧地依靠那些在这个函数里已经发现的定律、定理或推论，把分析引向深入。

在本章以下部分里所呈现的研究，主要借助了一个推论和一个定律。一个推论是：具体产业的技术变化能够以同样方法化为具体产业的价格增长模型[3]；一个定律是固定替代弹性定律。前者保证了技术因子可以直接陈述在初始结构中，奠定了继而进行分析的焦点；后者给出了问题分析所必需的本底性概念，支持了基础理论的深入探索。其中，正像关于经济容量（capacity of economy）的研究一样，固定替代弹性定律是核心性的理论支撑[8]。

在自由市场里，宏观干预或政策不可施加于价格，但可以介入科技，当然更可以介入需求数量或其他基本资源的数量。介入需求或其他基本资源数量的干预或政策，构成了现代宏观经济管理的基本内容[9]。理论分析的结果表明，对于经济的增长来说，宏观干预或政策的作用仅可以影响到初始结构的增长率，而不能改变经济内在的背景尺度。也就是说，干预或政策所起的作用，或者更一般地讲，宏观的资源管理措施所起的作用，仅可以传递到初始结构的增长率上，而不能传递到固定替代弹性上[10]。这意味着，自由市场自行调节的基准是不变的，它自身所确定的正则尺度是超越人为世界的，是一种自然规律，是不以人们的主观意志而改变的。相反地，人们的主观意志和人为追求的经济增长目标却必须服从市场自行调节所给定的经济容量。必须在正则条件所允许的范围内，人们的这些意向才能有所作为。

从初始的正则状态出发，不断调整出一个个接续的正则状态，从而构成经济常规运行的状态链。在这个链上的每一个具体结构就是一个格局。整个链与每个格局是合理的、正常的和稳步发展的，也就是和谐的。自由市场自行调节的规律就蕴含其中。自由市场的运行是自动产生内在调节机制的自然运动。人为的干预或政策应该是对这种自然规律的顺从和遵循，其作用是在正则条件所允许的范围内调节经济结构的增长状态，从而更有利于人类社会的某种特定需求[11]。

8.2 *G* 函数的基础模型

设最一般的 G 函数基础模型（Base Model）为：

$$\pi(\boldsymbol{p};\boldsymbol{v}) \tag{8.1}$$

式中，$\pi(\cdot)$——利润；

$\boldsymbol{p}$——产出价格向量，$\boldsymbol{p}=(p_1, p_2, \cdots, p_I)$；$p_i \gg 0$，$i=1, 2, \cdots, I$；

$\boldsymbol{v}$——需求数量向量，$\boldsymbol{v}=(v_1, v_2, \cdots, v_J)$，$v_j \leqslant 0$，$j=1, 2, \cdots, J$，有 $I \leqslant J$。

进而得出 Jacobi 向量为：

$$J = [\pi_p \quad \pi_v] = [\nabla_p \pi \quad \nabla_v \pi] = \left[\frac{\partial \pi}{\partial p_i} \quad -\frac{\partial \pi}{\partial v_j}\right]$$

在 Jacobi 向量的基础上，可以得出的 Hessian 矩阵为：

$$H=\begin{bmatrix}\pi_{pp} & \pi_{pv}\\ \pi_{vp} & \pi_{vv}\end{bmatrix}=\begin{bmatrix}\nabla_{pp}{}^{2}\pi & \nabla_{pv}{}^{2}\pi\\ \nabla_{vp}{}^{2}\pi & \nabla_{vv}{}^{2}\pi\end{bmatrix}$$

$$=\begin{bmatrix}\dfrac{\partial^{2}\pi}{\partial p_i\,\partial p_h} & -\dfrac{\partial^{2}\pi}{\partial v_j\,\partial p_h}\\ -\dfrac{\partial^{2}\pi}{\partial p_h\,\partial v_j} & \dfrac{\partial^{2}\pi}{\partial v_j\,\partial v_k}\end{bmatrix}$$

由 Hessian 矩阵可以得出替代弹性矩阵为：

$$S=\begin{bmatrix}\sigma_{p_ip_h} & \sigma_{p_iv_j}\\ \sigma_{p_iv_k} & \sigma_{v_jv_k}\end{bmatrix}=\pi\begin{bmatrix}\pi_p{}^{-1}\pi_{pp}\pi_p{}^{-1} & \pi_p{}^{-1}\pi_{pv}\pi_v{}^{-1}\\ \pi_v{}^{-1}\pi_{vp}\pi_p{}^{-1} & \pi_v{}^{-1}\pi_{vv}\pi_v{}^{-1}\end{bmatrix}$$

$h\in i$；i，$h=1$，2，…，I；$k\in j$；j，$k=1$，2，…，J。

根据约束条件最小被替代定律（law of restraint minimum substituted rate），在式（8.1）里，可以计算出约束条件 v_j 的最小被替代率为：

$$\Delta r_{v_j}=\min_h\{\sigma_{p_hv_j}r_{p_h}\}-\max_k\{\sigma_{v_jv_k}r_{v_k}\}$$

$h\in i$；i，$h=1$，2，…，I；$k\in j$，$k\neq j$；j，$k=1$，2，…，J　　(8.2)

式中，Δr_{v_j}——约束条件 v_j 的最小被替代率，$j=1$，2，…，J。

$\sigma_{p_hv_j}$——约束条件 v_j 与第 h 种产品之间的固定替代弹性值，$h\in i$；i，$h=1$，2，…，I；$j=1$，2，…，J。

r_{p_h}——第 h 种产品的价格增长率，$h\in i$；i，$h=1$，2，…，I。

$\sigma_{v_jv_k}$——约束条件 v_j 与约束条件 v_k 之间的固定替代弹性值，$k\neq j$；j，$k=1$，2，…，J。

r_{v_k}——约束条件 v_k 的数量增长率，$k=1$，2，…，J。

在式（8.1）里，若考虑技术进步，并设其为独立的变量，那么，根据推论一个具体产业的技术变化能够以同样方法化为这个产业的价格增长模型，可以写出：

$$\pi(ap;v) \tag{8.3}$$

式中，$\boldsymbol{a}$ ——技术变量矩阵，$a=\begin{bmatrix} a_1 & 0 & \cdots & 0 \\ 0 & a_2 & 0 & 0 \\ \cdots & 0 & \cdots & 0 \\ 0 & 0 & 0 & a_I \end{bmatrix}$；

$\boldsymbol{p}$——产出价格向量，$\boldsymbol{p}=(p_1, p_2, \cdots, p_I)$；$p\gg 0$；

$\boldsymbol{v}$——需求数量向量，$\boldsymbol{v}=(v_1, v_2, \cdots, v_J, v_{J+1}, \cdots v_{2J})$，有 $I\leqslant J$；其中，v_1，v_2，…，v_J 为对产品数量或其他资源的需求；v_{J+1}，…，v_{2J} 为对技术质量的需求。为便于阐述，下文统称它们为“资源需求”。

得出 Jacobi 向量为：

$$J=[\pi_a \quad \pi_p \quad \pi_v]=[\nabla_a\pi \quad \nabla_p\pi \quad \nabla_v\pi]$$

$$=\left[\frac{\partial \pi}{\partial a_i}p_i \quad \frac{\partial \pi}{\partial p_i}a_i \quad -\frac{\partial \pi}{\partial v_j}\right]$$

$$i=1,2,\cdots,I;j=0,1,2,\cdots,2J$$

在 Jacobi 向量的基础上，可以得出 Hessian 矩阵为：

$$H=\begin{bmatrix} \pi_{aa} & \pi_{ap} & \pi_{av} \\ \pi_{ap} & \pi_{pp} & \pi_{pv} \\ \pi_{av} & \pi_{pv} & \pi_{vv} \end{bmatrix}=\begin{bmatrix} \nabla_{aa}{}^2\pi & \nabla_{ap}{}^2\pi & \nabla_{av}{}^2\pi \\ \nabla_{ap}{}^2\pi & \nabla_{pp}{}^2\pi & \nabla_{pv}{}^2\pi \\ \nabla_{av}{}^2\pi & \nabla_{pv}{}^2\pi & \nabla_{vv}{}^2\pi \end{bmatrix}$$

$$=\begin{bmatrix} \dfrac{\partial^2\pi}{\partial a_i\partial a_h}p_i+\dfrac{\partial \pi}{\partial a_i}\dfrac{\partial p_i}{\partial a_h} & \dfrac{\partial^2\pi}{\partial p_i\partial a_h}a_i+\dfrac{\partial \pi}{\partial p_i}\dfrac{\partial a_i}{\partial a_h} & -\dfrac{\partial^2\pi}{\partial v_j\partial a_h} \\ \dfrac{\partial^2\pi}{\partial a_h\partial p_i}a_i+\dfrac{\partial \pi}{\partial p_i}\dfrac{\partial a_i}{\partial a_h} & \dfrac{\partial^2\pi}{\partial p_h\partial p_i}a_i+\dfrac{\partial \pi}{\partial p_h}\dfrac{\partial a_i}{\partial p_i} & -\dfrac{\partial^2\pi}{\partial v_j\partial p_i} \\ -\dfrac{\partial^2\pi}{\partial a_h\partial v_j} & -\dfrac{\partial^2\pi}{\partial p_i\partial v_j} & \dfrac{\partial^2\pi}{\partial v_j\partial v_k} \end{bmatrix}$$

由这个 Hessian 矩阵可以得出的替代弹性矩阵为：

$$S=\begin{bmatrix}\sigma_{a_i a_h} & \sigma_{p_i a_h} & \sigma_{v_j a_h}\\ \sigma_{a_h p_i} & \sigma_{p_h p_i} & \sigma_{v_k p_i}\\ \sigma_{a_h v_j} & \sigma_{p_i v_j} & \sigma_{v_j v_k}\end{bmatrix}$$

$$=\pi\begin{bmatrix}\pi_{a_i}{}^{-1}\pi_{a_i a_h}\pi_{a_h}{}^{-1} & \pi_{p_i}{}^{-1}\pi_{p_i a_h}\pi_{a_h}{}^{-1} & \pi_{v_j}{}^{-1}\pi_{v_j a_h}\pi_{a_h}{}^{-1}\\ \pi_{p_i}{}^{-1}\pi_{p_i a_h}\pi_{a_h}{}^{-1} & \pi_{p_i}{}^{-1}\pi_{p_h p_i}\pi_{p_i}{}^{-1} & \pi_{v_j}{}^{-1}\pi_{v_j p_i}\pi_{p_i}{}^{-1}\\ \pi_{a_h}{}^{-1}\pi_{a_h v_j}\pi_{v_j}{}^{-1} & \pi_{p_i}{}^{-1}\pi_{p_i v_j}\pi_{v_j}{}^{-1} & \pi_{v_j}{}^{-1}\pi_{v_j v_k}\pi_{v_k}{}^{-1}\end{bmatrix}$$

$$h\in i;i,h=1,2,\cdots,I;k\in j;j,k=1,2,\cdots,2J。$$

对于式（8.3），因为技术与价格所具有的乘积关系，导致约束条件 v_j 的最小被替代率为：

$$\Delta r_{v_j}(a)=\min_h\{(\sigma_{v_j a_h}+\sigma_{v_j p_h})(r_{a_h}+r_{p_h})\}-\max_k\{\sigma_{v_j v_k}r_{v_k}\}$$

$$h=1,2,\cdots,I;k\in j,k\neq j;j,k=1,2,\cdots,2J \tag{8.4}$$

式中，Δr_{v_j}——约束条件 v_j 的数量的被替代率，j=1，2，…，2J。

$\sigma_{v_j a_h}$——约束条件 v_j 与第 h 部门技术之间的固定替代弹性值，h=1，2，…，I；j=1，2，…，2J。

r_{a_h}——第 h 部门技术的增长率，h=1，2，…，I。

$\sigma_{v_j p_h}$——约束条件 v_j 与第 h 种产品之间的固定替代弹性值，h=1，2，…，I；j=1，2，…，2J。

r_{p_i}——第 h 种产品的价格增长率，h=1，2，…，I。

$\sigma_{v_j v_k}$——约束条件 v_j 与约束条件 v_k 之间的固定替代弹性值，$k\neq j$，j，k=1，2，…，2J。

r_{v_k}——约束条件 v_k 的数量增长率，k=1，2，…，2J。

容易理解，在式（8.4）中，若有 $\sigma_{v_j a_h}\geqslant 0$ 和 $r_{a_h}\geqslant 0$，也就是经

济处于正则发展状态，那么，如果其余条件不变，必定有 $\Delta r_{v_j}(a) \geqslant \Delta r_{v_j}$。这意味着，作为独立的市场变量，技术的增长必然可以给固定投入或约束条件增添缩减率。对于基本资源来说，这就是会使这些资源得到更大的节约，使经济容量获得更大的扩大，为经济创造更好的可持续条件，令经济运行有了更大的自由。从一般意义上来说，科技进步的直接作用就是创造出更大的经济容量。在对实际经济运行所做出的考察中，经济学家们似乎已经感触到了这样的事实[12]。

8.3 讨论与结论

根据初始陈述的内容，设式（8.3）中因子向量的元素下标 $h=1$ 和 $j=1$ 即指农业，否则为非农业。即

$$\pi(a_h p_h ; v_j) \quad h = 1,2,\cdots,I;j = 1,2,\cdots,2J$$

式中有 a_1——农业部门的技术；p_1——农产品价格；v_1——农业的固定数量（需求或资源）。

为了分析增长问题，设在时间点 $t=0$ 时有

$$\Delta r_{v_j}(a,0) = \min_h\{(\sigma_{v_j a_h} + \sigma_{v_j p_h})(r_{a_h}(0) + r_{p_h}(0))\} - \max_k\{\sigma_{v_j v_k} r_{v_k}(0)\}$$
$$h = 1,2,\cdots,I;k \in j,k \neq j;j,k = 1,2,\cdots,2J \qquad (8.5)$$

式中，Δr_{v_j}——约束条件 v_j 的数量的被替代率，$j=1$，2，…，$2J$。

$\sigma_{v_j a_h}$——约束条件 v_j 与第 h 部门技术之间的固定替代弹性值，$h=1$，2，…，I；$j=1$，2，…，$2J$。

r_{a_h}——第 h 部门技术的增长率，$h=1$，2，…，I。

$\sigma_{p_h v_j}$——约束条件 v_j 与第 h 种产品之间的固定替代弹性值，$h=1$，2，…，I；$j=1$，2，…，$2J$。

r_{p_h}——第 h 种产品的价格增长率，$h=1$，2，…，I。

$\sigma_{v_j v_k}$——约束条件 v_j 与约束条件 v_k 之间的固定替代弹性值，$k\neq j$；j，$k=1$，2，…，$2J$。

r_{v_k}——约束条件 v_k 的数量增长率，$k=1$，2，…，$2J$。

由式（8.5）可以得出

$$\min_h\{(\sigma_{v_j a_h}+\sigma_{v_j p_h})(r_{a_h}(0)+r_{p_h}(0))\}=(\sigma_{v_j a_s}+\sigma_{v_j p_s})(r_{a_s}(0)+r_{p_s}(0))$$
$$h=1,2,\cdots,I$$

和

$$\max_k\{\sigma_{v_j v_k} r_{v_k}(0)\}=\sigma_{v_j v_r} r_{v_r}(0)\quad k\neq j;j,k=1,2,\cdots,2J$$

即可以确定在经济的正则运行中，第 s 部门的产出和第 r 种需求或资源居于决定第 j 种固定数量被替代率的最低水平，也就是决定这种资源的正则基准水平。即 Δr_{v_j} 为第 j 种资源的前沿水平，它决定了这种资源在可行域里的最外沿水平，$j=1$，2，…，$2J$。因而，它成为这种资源对整体经济容量的关键影响，即它的微弱变化将给整体经济带来作用。对偶理论表明，决定资源关键性的因子也必定成为经济整体运行的关键因素[13]。也就是说，在市场的自行调节中，连同资源的关键状态一起，关键性的因子也会进入调节的视野，并会依照正则条件被赋予运行的变化方向。

这意味着，如果有式（8.5）成立，即在时间点 $t=0$ 上，经济是正则状态的，也就是正常的、可以运行的，若没其他任何干预和介入，纯粹由自由市场来自行调节，那么对于增长的经济来说，如果时间间隔有限，在时间点 $t>0$ 上，就会有

$$e^{\beta_j t}\Delta r_{v_j}(a,0)=\min_h\{(\sigma_{v_j a_h}+\sigma_{v_j p_h})(e^{\alpha_{a_h}t} r_{a_h}(0)+e^{\alpha_{p_h}} r_{p_h}(0))\}$$
$$-\max_k\{\sigma_{v_j v_k} e^{\gamma_{v_k}t} r_{v_k}(0)\}$$

$$=(\sigma_{v_j a_s}+\sigma_{v_j p_s})\ (e^{\alpha_{a_s}t}r_{a_h}(0)+e^{\alpha_{p_s}}r_{p_h}(0))-\sigma_{v_j v_r}e^{\gamma_{v_s}t}r_{v_r}(0)$$

$h=1,\ 2,\ \cdots,\ I;\ k\neq j;\ j,\ k=1,\ 2,\ \cdots,\ 2J;\ s\in h,\ r\in j$。

(8.6)

式中，β_j——约束条件 v_j 的被替代率的增长指数，$j=1,\ 2,\ \cdots,\ 2J$。

α_{a_h}——第 h 部门科技进步的增长指数，$h=1,\ 2,\ \cdots,\ I$。

α_{p_h}——第 h 种产品的价格增长指数，$h=1,\ 2,\ \cdots,\ I$。

γ_{v_k}——约束条件 v_k 的增长指数，$k=1,\ 2,\ \cdots,\ 2J$。

式（8.5）到式（8.6）的变化，便是经济所遵循的内在规律之一，即自然正则运行趋势。试想，若这时出现了宏观干预和政策介入，想对经济的整体效果起到作用，那么，就经济容量 v_j 来说，这些干预或政策就只有施加于式（8.6）中的左端项里才能奏效，否则，起不到预期的作用。因为这些因子是决定凸性可行域边界线的。只有这些边界线的变动才能影响到经济整体的结构变化[14]。自然，这些边界线本身的变化，就是经济容量的变化，也就是经济可持续发展条件的变化。

依据自由市场的要求，这些干预或政策只可施加于技术和资源需求。设施加于技术的政策向量为 M_a，施加于资源需求的为 M_v，那么在式（8.6）里可以得出：

$$e^{\beta_j(M_a,M_v)t}\Delta r_{v_j}(a,0)=(\sigma_{v_j a_s}+\sigma_{v_j p_s})(e^{\alpha_{a_s}(M_a)t}r_{a_h}(0)+e^{\alpha_{p_s}}r_{p_h}(0))-\sigma_{v_j v_r}e^{\gamma_{v_s}(M_v)t}r_{v_r}(0)$$

$$s\in h,r\in j \tag{8.7}$$

即干预或政策的介入，导致影响经济容量的关键性技术得到了一个增长指数 $\alpha_{a_s}(M_a)$，关键性资源需求得到了一个增长指数 $\gamma_{v_s}(M_v)$，在它们的共同作用下，v_j 产生了一个被替代率的增长指数

$\beta_j(M_a, M_v)$。这些增长指数是人为干预造成的，一般地讲，它们都不会与自然给定的增长指数α_{a_s}、γ_{v_s}、β_j 完全相等。然而，为了保持经济运行的正则条件，或者可以说，要保证这些干预或政策不是破坏正常经济的，那么它们与自然给定的增长指数之间必须有怎样的关系呢?

为此，我们可以对式（8.7）的左右两端同除以$e^{\beta_j t}$，得到：

$$\frac{e^{\beta_j(M_a,M_v)t}}{e^{\beta_j t}}\Delta r_{v_j}(a,0)=(\sigma_{v_j a_s}+\sigma_{v_j p_s})\left(\frac{e^{\alpha_{a_s}(M_a)t}}{e^{\beta_j t}}r_{a_h}(0)+\frac{e^{\alpha_{p_s}}}{e^{\beta_j t}}r_{p_h}(0)\right)-\sigma_{v_j v_r}\frac{e^{\gamma_{v_s}(M_v)t}}{e^{\beta_j t}}r_{v_r}(0)$$

若其他不变，要保持或促进正则发展，这里必须有：

$$\beta_j(M_a,M_v)-\beta_j\geqslant 0$$

$$\alpha_{a_s}(M_a)-\beta_j\geqslant 0$$

$$\gamma_{v_s}(M_v)-\beta_j\leqslant 0$$

而宏观调控所追求的目标，就是求解模型（8.8）～模型（8.11）：

$$\min e=\beta_j(M_a,M_v)-\beta_j \tag{8.8}$$

s. t.

$$\beta_j(M_a,M_v)-\beta_j\geqslant 0 \tag{8.9}$$

$$\alpha_{a_s}(M_a)-\beta_j\geqslant 0 \tag{8.10}$$

$$\gamma_{v_s}(M_v)-\beta_j\leqslant 0 \tag{8.11}$$

这里，β_j（•）为常量，其余的为变量。结果为［$\beta_j{}^*(M_a, M_v)$，$\alpha_{a_s}{}^*(M_a)$，$\gamma_{v_s}{}^*(M_v)$］，其中，必有$\alpha_{a_s}{}^*(M_a)\geqslant\beta_j$，$\gamma_{v_s}{}^*(M_v)\leqslant\beta_j$ 和$\beta_j{}^*(M_a, M_v)\geqslant\beta_j$。也就是说，不管知道还是不知道自由市场自然调节得出的经济容量这个规律，只要不是破坏经济正常运行

的，那么，即使纯粹属于在黑暗中的摸索，也一定是围绕正则条件来进行的。而最优的宏观调控目标必定是要经济容量增大，使经济的正则条件更加宽松。因为这样的最优化结果，必然导致科技有所进步，创造出经济容量；同时，也必定使关键性的资源需求有所收敛，从而节约经济容量。并且，从优化的层次上可以看到，宏观干预或政策的作用，一般地讲，一定与保证创造经济容量的目标有关，可以说，就是要保证这种创造措施得以实现。由此，也可以在经济学的概念上得出关于最优政策的定义[15]。

有了这样的分析结果，再具体到有关农业的分析，便很简单了。农业对经济容量的影响，或者说资源的最小被替代率牵涉到农业的情况，总共有下列 4 种情况。即在式（8.6）的左端项中有：

1）$s=1$，$r=1$。这意味着，在决定 v_j 经济容量的关键性因素中，既有农业生产，又有农业资源需求。

2）$s=1$，$r\neq1$。这意味着，在决定 v_j 经济容量的关键性因素中，只有农业生产，没有农业资源需求。

3）$s\neq1$，$r=1$。这意味着，在决定 v_j 经济容量的关键性因素中，没有农业生产，只有农业资源需求。

4）$s\neq1$，$r\neq1$。这意味着，在决定 v_j 经济容量的关键性因素中，既没有农业生产，也没有农业资源需求。

同理，干预或政策只能介入技术和资源需求，那么，根据式（8.7）得出有关农业对经济容量的影响情况为：

$$e^{\beta_j(M_a,M_v)t}\Delta r_{v_j}(a,0)=(\sigma_{v_ja_1}+\sigma_{v_jp_1})(e^{\alpha_{a_1}(M_a)t}r_{a_1}(0)+e^{\alpha_{p_1}}r_{p_1}(0))-\sigma_{v_jv_1}e^{\gamma_{v_1}(M_v)t}r_{v_1}(0)$$

$$s\in h,r\in j \tag{8.12}$$

对于这里的第 1）种情况，根据式（8.12）可以得出有关数据，再由模型（8.8）～模型（8.11）可以解得 [$\beta_j{}^*(M_a, M_v)$，$\alpha_{a_1}{}^*(M_a)$，$\gamma_{v_1}{}^*(M_v)$]，它们是保证经济正则运行的最优解。农业技术和资源需求的同时改进，既创造了经济容量，又节约了经济容量，使得经济运行的正则条件更加宽松。对于第 2）种情况，会在模型（8.8）～模型（8.11）里得出 [$\beta_j{}^*(M_a, M_v)$，$\alpha_{a_1}{}^*(M_a)$，$\gamma_{v_r}{}^*(M_v)$]，$r \neq 1$，这意味着，在只有农业技术对经济容量起着关键作用的情况下，农业技术的最优解将会创造经济容量。对于第 3）种情况，能在模型（8.8）～模型（8.11）中得出 [$\beta_j{}^*(M_a, M_v)$，$\alpha_{a_s}{}^*(M_a)$，$\gamma_{v_1}{}^*(M_v)$]，$s \neq 1$，这意味着，农业资源需求的最优解会节约经济容量。相应地，在这 3 种情况里所涉及的有关干预和政策，都应该是保证和促进这些创造和节约的。对于第 4）种情况，即农业技术和资源需求均没有成为经济容量的关键性因子，不能直接影响经济容量。对它们的合理调整只能属于在经济可行域内部取得的变动，只会影响到农业本身，不会影响到经济全局。因此，只有在农业技术和/或资源需求成为经济容量关键因子的地方，对农业施加的有关干预和政策才会有利于经济整体的可持续发展。

就目前的实际情况与经济学的进展状况来说，要是有关的认识和管理取得科学的进展和精确的实践，继续加深有关科学理论研究是最重要的。在具体工作中，或许最为重要的是，首先应该查明，农业是否处于上述 4 种情况中的前 3 种情况之一。只有查明了，再采取相应的措施，才能更有的放矢地保证经济的可持续发展。真实需要由理论来探明，传统和习惯只能是零碎的摸索或近似。

参考文献

[1] Samuelson，P.. Economics [M]. New York：McGraw-Hill，1957：152-157.

[2] Gorman，W.. Measuring the quantities of fixed factors [M] // J. N. Wolfe. Value，Capital and Growth：Papers in honor of Sir John Hicks. Chicago：Aldine Publishing Co. 1968：141-172.

[3] Harrigan，J. Technology，Factor Supplies，and International Specialization：Estimating the Neoclassical Model [J]. The American Economic Review，1997 (87)：475-494.

[4] 张佩珍，中国大陆农业总要素生产力之变化（1953—1979）：区域性之研究 [M] // 财团法人中华经济研究院. 中国大陆经济研究论丛 第一辑（农业）. 台北：财团法人中华经济研究院，1988：18.

[5] Gopinath M. and Kennedy L.. Agricultural Trade and Productivity Growth：A State-level Analysis [J]. American Journal of Agricultural Economics，2000，82 (5)：1213-1218.

[6] Supawat Rungsuriyawiboon，Alexej Lissitra.. Agricultural Productivity Growth in European Union and Transition Countries [J]. Discussion Paper，2006 (94)：17-34. Leibniz Institute of Agricultural Development in Central and Eastern Europe (IAMO)，Halle，Germany.

[7] Nancy H. Chau and Rolf Faere. Shadow Pricing Market Access：A Trade Benefit Function Approach [J]. ZEF Discussion Paper on Development Policy，2008 (121)：3-5.

[8] 孙中才. 宏观干预与通货膨胀 [J]. 汕头大学学报（人文社会科学版），2011 (6)：60-65.

[9] 孙中才. 宏观干预与农业发展 [J]. 汕头大学学报（人文社会科学

版)，2010 (5)：75-78.

[10] 孙中才. 科技进步与通货膨胀 [J]. 山东财政学院学报，2011 (4)：5-10.

[11] 孙中才. 两大定律与三方向分化——G 函数与农业经济学的新进展 [R]. 中国人民大学农村发展研究所研究报告，2011. 3.

[12] 孙中才. 技术进步与粮食安全 [J]. 信阳师范学院学报 (哲学社会科学版)，2011 (1)：46-50.

[13] 孙中才. 农业系统工程 (上) [M]. 中国人民大学农业经济系 (校内用书)，1987：84-88.

[14] Diewert，W. E.. Applications of Duality Theory [M] //C M. D. Itriligator and D. A. Kendrick，eds.，Frontiers of Quantitative Economics. Vol. 2. Amsterdam：North-Holland，1974：74-78.

[15] 孙中才. 农业的资源管理与政策 [J]. 中国人民大学农村发展研究所研究报告，2012 (1).

第 9 章　国际贸易与农业经济效应

9.1 引　言

随着 G 函数成为新的分析规范，20 世纪 90 年代以来，以 GNP 模型为起点的经济分析蓬勃发展起来[1][2]。其中，关于农业经济效应的分析，似乎给以往的研究注入了新的活力，取得了令人瞩目的新成果[3]。

从基础理论上讲，G 函数给了经济学研究一个新的“最终即首要（The Last is the First）”的逻辑起点，由此明确了一些新的定义和新的概念，从而引导出了一些新的研究思想和新的研究途径[4]。从技术路线上讲，对照生产函数 F 函数，G 函数的基本出发点——有约束的利润函数，在结构上更直观地反映了对市场成分与资源禀赋的关注，便于从市场情况入手进行分析，并且可以很容易地将有关分析扩展到资源方面[5]。

农产品贸易的自由化，自 20 世纪 80 年代以来，一直是关于国际贸易自由化问题所关注的焦点。经济学的数理分析结果表明，之所以如此，主要是因为农产品的国际贸易涉及 2 个重要的经济问题：一个是在经济工业化的进程中，农产品集中了经济体内部技术的综合传递结果，体现了经济协调运行所导致的超量供给的质量[6]；另一个是由于农业生产直接涉及经济体内的基础资源的占用，农产品的国际贸易实际上直接牵涉到这些基础资源内在价值的变化或数量的增减，有可能产生更深远的影响。资料表明，对于前一个问题，农业经济学家早已经给予了重视，并给予了研究和测定；对于后一个问题，也在近期内引起了关注[7][8][9]。

对于这两个问题，显然可以在独立的或相对独立的框架内分别给予探索。资料表明，在这样框架内的探索已经呈现出了大量的成果。然而，人们仍不满足于此，试图用更加统一的模型和研究思路，把有关研究引向更深刻的境地。科学的事实表明，一个进一步统一的规范模型，意味着科学的探索又有了新的纲领、新的起点和新的更简单、更深入的探索途径。作为经济学的一次最新的理论综合，G函数可以成为这方面的规范模型。

正如我们直观地便可以看出的，G函数的基本结构是把经济体里的市场和资源统一到了利润的影响因素之中。在利润函数里，市场表现为一系列价格，资源表现为一系列固定数量。二者分别有自己独立的和相对独立的变化过程；同时，又共同作用于利润，成为它的基本影响因子的两大分类。由此，借助利润的统一性，可以把农业贸易与资源之间的关系联系起来，并以此为出发点，将有关分析深入下去。因为市场表现为一系列价格，因而从市场的角度来看，农产品的贸易可以根据贸易结构的不同，区分为不同的市场，从而表现为不同的价格。据此，可以把农业贸易与资源之间的关系细化为农产品不同贸易成分与资源的具体关系。这些关系的结构性展开，必将展示它们之间内在的作用，从而显示农业的经济效应，特别是农产品国际贸易在经济体内的全面作用[10]。

本章即将从G函数出发，将农产品的市场结构和资源禀赋情况纳入国民收入函数，其中，把农产品的贸易划分为进口、出口供给和国内直接供给 3 个市场；并依据两部门分析的基本要求，保留了非农业部门的产出结构；由农业和非农业部门的数目总和决定资源禀赋向量的元素的数目。

9.2 初始模型的基本结构

9.2.1 国民收入模型的基本概念

对于国民经济体来说，它的基本行为可以初始性地写为

$$\max s = \boldsymbol{px} \tag{9.1}$$

s. t.

$$\boldsymbol{x} \in Y(\boldsymbol{v}) \tag{9.2}$$

$$\boldsymbol{p},\boldsymbol{x} \in R^I,\boldsymbol{v} \in R^J$$

这里，s——国民收入总值；

$\boldsymbol{x}$——最终产品向量，$\boldsymbol{x}=(x_1, x_2, \cdots, x_I)$；

$\boldsymbol{p}$——最终产品的价格向量，$\boldsymbol{p}=(p_1, p_2, \cdots, p_I)$；

$Y(\boldsymbol{v})$——资源禀赋 $\boldsymbol{v}$ 的凸性生产可能性集合，其中，$\boldsymbol{v}=(v_1, v_2, \cdots, v_J)$。

当 $Y=\pi(\boldsymbol{p}, \boldsymbol{v})=\text{GNP}(\boldsymbol{p}; \boldsymbol{v})$ 时，模型（9.1）－（9.2）的解将是 GNP 的最大值[7]。这个模型必须满足的条件有 2 个：一个是，这个利润函数 $\pi(\boldsymbol{p}, \boldsymbol{v})$ 是二次连续可微的，即要求因子之间存在平滑的可替代性；另一个是，资源禀赋的数量至少与产品一样多，即 $J \geqslant I$。这样，净产出供给的向量 $x(\boldsymbol{p}, \boldsymbol{v})$ 就由 $\pi(\boldsymbol{p}, \boldsymbol{v})$ 关于 $\boldsymbol{p}$ 的梯度来给出：

$$\boldsymbol{x}_i(\boldsymbol{p},\boldsymbol{v}) = \frac{\partial \pi(\boldsymbol{p},\boldsymbol{v})}{\partial p_i} \quad i = 1,2,\cdots,I$$

这里，定义 $\boldsymbol{p} \gg 0_I$ 和 $\boldsymbol{v} \leqslant 0_J$，$x_i(i=1，2，\cdots，I)$ 的符号则取决于是产出还是投入。若是产出为“＋”，若是投入为“－”。对于式（9.1）来说，定义为产出还是定义为投入，或者说，把 $x_i(i=1，2，\cdots，I)$ 的符号定义为“＋”，还是为“－”，取决于它与该式所表示的核算方向如何，若 $x_i(i=1，2，\cdots，I)$ 属于收入项，如出口供给的和国内市场销售的产品等，则为“＋”；若属于支出项，如进口的和对污染所做出的支出或缴纳的税务等，则为“－”。

9.2.2　农业贸易及其市场表现

为了仔细地描述农业贸易情况，以便进一步深入分析农业的效应，我们将农产品市场分为 3 个成分，即国内直接销售、出口供给和进口，它们分别呈现为不同的价格，并与非农产品的贸易一起，构成一个价格体系，或者说，构成经济体内的一个市场系统。

9.2.3　全面反映农业贸易的国民收入模型

根据上述分析结果，依据国民收入模型的基本概念，我们写出全面反映农业贸易的国民收入模型如下：

$$\text{GNP} = \pi(\boldsymbol{p};\boldsymbol{v}) = \pi(p_h, p_{k_1}, p_{k_2}, p_{k_3}, v) \tag{9.3}$$

式中，$\pi(\cdot)$——国民收入总值；

$\boldsymbol{p}$——市场价格向量，$\boldsymbol{p}=(p_h，p_{k_1}，p_{k_2}，p_{k_3})$；

$\boldsymbol{v}$——资源禀赋向量，$\boldsymbol{v}=(v_1，v_2，\cdots，v_J)$；

$\boldsymbol{p}_h$——非农产品国内销售价格向量，$\boldsymbol{p}_h=(p_{h_1}，p_{h_2}，\cdots，p_{h_H})$；

$\boldsymbol{p}_{k_1}$——农产品国内销售价格向量，$\boldsymbol{p}_{k_1}=(p_{k_{11}}, p_{k_{12}}, \cdots, p_{k_{1K_1}})$；

$\boldsymbol{p}_{k_2}$——农产品出口供给价格向量，$\boldsymbol{p}_{k_2}=(p_{k_{21}}, p_{k_{22}}, \cdots, p_{k_{2K_2}})$；

$\boldsymbol{p}_{k_3}$——农产品进口价格向量，$\boldsymbol{p}_{k_3}=(p_{k_{31}}, p_{k_{32}}, \cdots, p_{k_{3K_3}})$；

这里有，$H+K_1+K_2+K_3=I$，$J\geqslant I$，即资源禀赋的数目不少于价格体系里元素的总数目，和 $\boldsymbol{p}\gg 0_I$ 和 $\boldsymbol{v}\leqslant 0_J$，即所有的价格元素均为正的，资源的数量为非正的。

在式（9.3）里有：

$$\pi_h=\nabla_h\pi=\frac{\partial\pi}{\partial p_{h_d}}=\boldsymbol{x}_{h_d}\quad d=1,2,\cdots,H \tag{9.4}$$

$$\pi_{k_1}=\nabla_{k_1}\pi=\frac{\partial\pi}{\partial p_{k_{1f}}}=\boldsymbol{x}_{k_{1f}}\quad f=1,2,\cdots,K_1 \tag{9.5}$$

$$\pi_{k_2}=\nabla_{k_2}\pi=\frac{\partial\pi}{\partial p_{k_{2l}}}=\boldsymbol{x}_{k_{2l}}\quad l=1,2,\cdots,K_2 \tag{9.6}$$

$$\pi_{k_3}=\nabla_{k_3}\pi=\frac{\partial\pi}{\partial p_{k_{3r}}}=-\boldsymbol{x}_{k_{3r}}\quad r=1,2,\cdots,K_3 \tag{9.7}$$

$$\pi_v=\nabla_v\pi=\frac{\partial\pi}{\partial v_j}=\boldsymbol{\lambda}_j\quad j=1,2,\cdots,J \tag{9.8}$$

这里，∇为 Hamiltonian 算子，即一阶微分矩阵。

注意，对于式（9.4）和式（9.5）中的 $\boldsymbol{x}_h$，$h=1, 2, \cdots, H$ 和 $\boldsymbol{x}_{k_1}$，$k_1=1, 2, \cdots, K_1$ 的符号是“+”还是“-”，则要视它们对于国民经济核算而言，是产出还是投入来定[7]。$\boldsymbol{x}_{k_2}$（$k_2=1, 2, \cdots, K_2$）为农产品出口供给数量，对于国民经济核算而言属于收入，因此其符号为“+”；$\boldsymbol{x}_{k_3}$（$k_3=1, 2, \cdots, K_3$）为农产品进口数量，对于国民经济核算而言属于支出，因此其符号为“-”；$\boldsymbol{\lambda}_j$（$j=1, 2, \cdots, J$）为资源禀赋的影子价格，其符号为“+”。

对于式（9.3），我们可以写出它的 Hessian 矩阵：

$$H=\begin{bmatrix} \pi_{hh}\pi_{k_1k_1}\pi_{k_2k_2}\pi_{k_3k_3}\pi_{hk_1}\pi_{hk_2}\pi_{hk_3}\pi_{k_1k_2}\pi_{k_1k_3}\pi_{k_2k_3} & \pi_{hv}\pi_{k_1v}\pi_{k_2v}\pi_{k_3v} \\ \pi_{vh}\pi_{vk_1}\pi_{vk_2}\pi_{vk_3} & \pi_{vv} \end{bmatrix} \tag{9.9}$$

这里，

$$\pi_{hh}=\nabla_{hh}{}^2\pi=\frac{\partial^2\pi}{\partial p_{h_d}\partial p_{h_e}}\quad d,e=1,2,\cdots,H;$$

$$\pi_{k_1k_1}=\nabla_{k_1k_1}{}^2\pi=\frac{\partial^2\pi}{\partial p_{k_{1f}}\partial p_{k_{1g}}}\quad f,g=1,2,\cdots,K_1;$$

$$\pi_{k_2k_2}=\nabla_{k_2k_2}{}^2\pi=\frac{\partial^2\pi}{\partial p_{k_{2l}}\partial p_{k_{2m}}}\quad l,m=1,2,\cdots,K_2;$$

$$\pi_{k_3k_3}=\nabla_{k_3k_3}{}^2\pi=\frac{\partial^2\pi}{\partial p_{k_{3r}}\partial p_{k_{3s}}}\quad r,s=1,2,\cdots,K_3;$$

$$\pi_{hk_1}=\nabla_{hk_1}{}^2\pi=\frac{\partial^2\pi}{\partial p_{h_d}\partial p_{k_{1f}}}\quad d=1,2,\cdots,H;f=1,2,\cdots,K_1$$

$$\pi_{hk_2}=\nabla_{hk_2}{}^2\pi=\frac{\partial^2\pi}{\partial p_{h_d}\partial p_{k_{2l}}}\quad d=1,2,\cdots,H;l=1,2,\cdots,K_2$$

$$\pi_{hk_3}=\nabla_{hk_3}{}^2\pi=\frac{\partial^2\pi}{\partial p_{h_d}\partial p_{k_{3r}}}\quad d=1,2,\cdots,H;r=1,2,\cdots,K_3$$

$$\pi_{k_1k_2}=\nabla_{k_1k_2}{}^2\pi=\frac{\partial^2\pi}{\partial p_{k_{1f}}\partial p_{k_{2l}}}\quad f=1,2,\cdots,K_1;l=1,2,\cdots,K_2$$

$$\pi_{k_1k_3}=\nabla_{k_1k_3}{}^2\pi=\frac{\partial^2\pi}{\partial p_{k_{1f}}\partial p_{k_{3r}}}\quad f=1,2,\cdots,K_1;r=1,2,\cdots,K_3$$

$$\pi_{k_2k_3}=\nabla_{k_2k_3}{}^2\pi=\frac{\partial^2\pi}{\partial p_{k_{2l}}\partial p_{k_{3r}}}\quad l=1,2,\cdots,K_2;r=1,2,\cdots,K_3$$

$$\pi_{hv}=\pi_{vh}=\nabla_{hv}{}^2\pi=\frac{\partial^2\pi}{\partial p_{h_d}\partial v_j}\quad d=1,2,\cdots,H;j=1,2,\cdots,J$$

$$\pi_{k_1v}=\pi_{vk_1}=\nabla_{k_1v}{}^2\pi=\frac{\partial^2\pi}{\partial p_{k_{1f}}\partial v_j}\quad f=1,2,\cdots,K_1;j=1,2,\cdots,J$$

$$\pi_{k_2v}=\pi_{vk_2}=\nabla_{k_2v}{}^2\pi=\frac{\partial^2\pi}{\partial p_{k_{2l}}\partial v_j}\quad l=1,2,\cdots,K_2;j=1,2,\cdots,J$$

$$\pi_{k_3v}=\pi_{vk_3}=\nabla_{k_3v}{}^2\pi=\frac{\partial^2\pi}{\partial p_{k_{3r}}\partial v_j}\quad r=1,2,\cdots,K_3;j=1,2,\cdots,J$$

$$\pi_{vv}=\nabla_{vv}{}^2\pi=\frac{\partial\pi}{\partial v_j\partial v_k}\quad j,k=1,2,\cdots,J$$

∇^2为 Laplaces’算子，即二阶微分矩阵。

Hessian 矩阵的元素表示初始模型中各个因子之间的自效应和交叉效应，因此成为一些重要分析测度的基础[11]。

9.3 农业的替代弹性与价格弹性

容易理解，对于矩阵（9.9）来说，要进一步分析农业经济的效应，π_{hh}和π_{vv}是可以忽略的，而且，因为这个矩阵的左下角与右上角是对称的，所以所要分析的内容只集中在了所余的右上部分的这些元素里，也就是右上部分里那些带有下标 k_1，k_2 和 k_3 的元素上。出于经济分析的需要，所要分析的主要指数是因子之间的替代弹性 σ 和价格弹性 η。

9.3.1 替代弹性

替代弹性体现着因子之间的替代效应，其中特别是数量之间潜在的结构替代变化趋势。从矩阵（9.9）出发所开展的关于农业的替代弹性分析，主要涉及两部分内容：一部分是那些涉及价格与利润的替代弹性；另一部分是涉及价格、利润和资源禀的替代弹性。其中，那些只涉及价格与利润的替代弹性，是可变数量之间进行变换的偏弹性，在生产领域，它们主要体现了投入—产出的技术效率结构，以及这个结构内在的发展趋势；在交换领域，它们反映了不同市场给生产带来的分配效率指标，以及这些指标在不同市场上的转换趋势，完全可以把它们视作是市场之间效率变化的指示，或者说，可以归为市场技术结构潜在变化的反映。那些涉及资源禀赋的部分，即矩阵（9.9）中带有下标 v 而又分别带有 k_1，k_2 和 k_3 的部分，体现了农业可变数量与资源禀赋之间的替代强度，或者说，是现实市场对资源影子市场或潜在的租赁市场的替代强度，因此这部分有时也被称作强度弹性[12][7]。替代弹性的符号反映了交叉的两种数量相互影响变化的方向，“＋”表示是同方向的；“－”表示是不同方向的。同方向的，意味着二者是呈现为同类互补性的，即此长彼长的增长趋势；不同方向的，意味着二者是呈现为不同类互竞性的，即此长彼消的增长趋势。

根据替代弹性的定义，我们得出

$$\sigma_{k_1k_1} = [\pi\pi_{k_1}{}^{-1}\pi_{k_1k_1}\pi_{k_1}{}^{-1}] \tag{9.10}$$

式中，$\pi_{k_1} = \mathrm{diag}(\nabla_{k_1}\pi)$ 为对角线矩阵。

式（9.10）反映着农业部门内部投入—产出的技术效率结构，以及这个结构潜在的发展趋势。由前面的分析结果可以看出，式（9.10）的符号有“＋”和“－”之分。“＋”体现同类可变数量之间的替代，如产出—产出的替代，或者投入—投入的替代，是此长彼长的关系；“－”则是不同类可变数量之间的替代，即只是投入—产出的替代，是此长彼消的关系。

$$\sigma_{k_2k_2} = [\pi\pi_{k_2}{}^{-1}\pi_{k_2k_2}\pi_{k_2}{}^{-1}] \tag{9.11}$$

式中，$\pi_{k_2} = \mathrm{diag}(\nabla_{k_2}\pi)$ 为对角线矩阵。

式（9.11）反映着农产品出口供给市场结构的替代关系。显然，式（9.11）的符号都是“+”的，说明这里的每两个不同元素之间的替代是同方向的，是此长彼长的关系。

$$\sigma_{k_3k_3} = [\pi\pi_{k_3}{}^{-1}\pi_{k_3k_3}\pi_{k_3}{}^{-1}] \tag{9.12}$$

式中，$\pi_{k_3}=\mathrm{diag}(\nabla_{k_3}\pi)$ 为对角线矩阵。

式（9.12）反映着农产品进口市场结构的替代关系。式（9.12）的符号也都是“+”的，说明这里的每两个不同元素之间的替代也是同方向的，是此长彼长的关系。

$$\sigma_{hk_1} = [\pi\pi_h{}^{-1}\pi_{hk_1}\pi_{k_1}{}^{-1}] \tag{9.13}$$

式中，$\pi_h=\mathrm{diag}(\nabla_h\pi)$ 为对角线矩阵。

式（9.13）反映着非农业生产与农业生产的替代关系。式（9.13）符号明显地存在着“+”“－”的区别：“+”为同类同方向的，即两个部门之间的产出—产出之间的替代；或者两部门之间的投入—投入的替代，均为同方向的；否则为“－”，是不同类不同方向的，两部门之间的投入—产出的替代，或者两部门之间的产出—投入的替代。替代关系取决于双方的类别。

$$\sigma_{hk_2} = [\pi\pi_h{}^{-1}\pi_{hk_2}\pi_{k_2}{}^{-1}] \tag{9.14}$$

$\pi_h=\mathrm{diag}(\nabla_h\pi)$ 为对角线矩阵。

式（9.14）反映着非农业生产与农业出口供给的替代关系。式（9.14）符号明显地存在着“+”“－”的区别，但只取决于非农业部门的因子的类别，是产出，则为“+”；是投入，则为“－”。这意味着，农业出口供给对非农业部门的产出替代是同方向的，对投入则是不同方向的。

$$\sigma_{hk_3} = [\pi\pi_h{}^{-1}\pi_{hk_3}\pi_{k_3}{}^{-1}] \tag{9.15}$$

$\pi_h=\mathrm{diag}(\nabla_h\pi)$ 为对角线矩阵。

式（9.15）反映着非农业生产与农业进口之间的替代关系。如同式（9.14），式（9.15）符号也明显地存在着“+”“−”的区别，而且也只取决于非农业部门的因子的类别，但与出口供给的情况正相反，是产出，则为“−”；是投入，则为“+”。这意味着，农业进口对非农业部门的投入是同方向的，对产出是不同方向的。

$$\sigma_{k_1k_2} = [\pi\pi_{k_1}{}^{-1}\pi_{k_1k_2}\pi_{k_2}{}^{-1}] \tag{9.16}$$

式中，$\pi_{k_1}=\mathrm{diag}(\nabla_{k_1}\pi)$ 为对角线矩阵。

式（9.16）反映着农业生产与农业出口供给之间的替代关系。显然，出口供给对生产中产出替代是同方向的；对于投入是不同方向的。

$$\sigma_{k_1k_3} = [\pi\pi_{k_1}{}^{-1}\pi_{k_1k_3}\pi_{k_3}{}^{-1}] \tag{9.17}$$

式中，$\pi_{k_1}=\mathrm{diag}(\nabla_{k_1}\pi)$ 为对角线矩阵。

式（9.17）反映着农业生产与农业进口之间的替代关系。显然，进口对产出的替代是不同方向的；对投入是同方向的。

$$\sigma_{k_2k_3} = [\pi\pi_{k_2}{}^{-1}\pi_{k_2k_3}\pi_{k_3}{}^{-1}] \tag{9.18}$$

式中，$\pi_{k_2}=\mathrm{diag}(\nabla_{k_2}\pi)$ 为对角线矩阵。

式（9.18）反映着农业出口供给与进口之间的替代关系。进口对出口供给的替代是不同方向的。

$$\sigma_{k_1v} = [\pi\pi_{k_1}{}^{-1}\pi_{k_1v}\pi_v{}^{-1}] \tag{9.19}$$

式中，$\pi_{k_3}=\mathrm{diag}(\nabla_{k_3}\pi)$ 为对角线矩阵。

式（9.19）反映着农业生产与资源禀赋之间的替代关系。资源禀赋对产出的替代是同方向的；对投入是不同方向的。

$$\sigma_{k_2v} = [\pi\pi_{k_2}{}^{-1}\pi_{k_2v}\pi_v{}^{-1}] \tag{9.20}$$

式中，$\pi_{k_2}=\mathrm{diag}(\nabla_{k_2}\pi)$ 为对角线矩阵。

式（9.20）反映着农业出口供给与资源禀赋之间的替代关系。资源禀赋对出口供给的替代是同方向的。

$$\sigma_{k_3 v} = [\pi \pi_{k_3}{}^{-1} \pi_{k_3 v} \pi_v{}^{-1}] \tag{9.21}$$

式中，$\pi_{k_3} = \text{diag}(\nabla_{k_3} \pi)$ 为对角线矩阵。

式（9.21）反映着农业进口与资源禀赋之间的替代关系。资源禀赋对进口的替代是不同方向的。

9.3.2 价格—价格弹性

价格—价格弹性反映市场价格体系里各种商品价格之间的影响效应和相应的随动增长率。式（2.3）纳入了国民经济的 5 个市场，其中，出于我们分析的需要，这里包括了农业的 3 个市场，还有另外一个非农业市场和一个潜在的资源影子市场。针对这些市场，价格—价格弹性既可以揭示一个独立市场内部每两个价格之间存在的影响效应和随动增长率，也可以揭示各个市场之间每两个价格之间存在的相应内容。出于现实实际分析焦点的需要，同时也为简单起见，我们在此仅仅列举农产品进口市场内部、出口供给—进口市场之间、资源影子市场—出口供给与资源影子市场—进口之间的价格—价格弹性。

根据价格—价格弹性的定义，在农产品进口市场内部有

$$\eta_{k_3 k_3} = \left[\frac{\partial(\ln p_{k_{3r}})}{\partial(\ln p_{k_{3s}})}\right] = \left[\frac{\partial p_{k_{3r}}}{\partial p_{k_{3s}}} \frac{p_{k_{3s}}}{p_{k_{3r}}}\right] \quad r,s = 1,2,\cdots,K_3 \tag{9.22}$$

在出口供给—进口市场之间有

$$\eta_{k_2 k_3} = \left[\frac{\partial(\ln p_{k_{2l}})}{\partial(\ln p_{k_{3r}})}\right] = \left[\frac{\partial p_{k_{2l}}}{\partial p_{k_{3r}}} \frac{p_{k_{3r}}}{p_{k_{2l}}}\right] \quad l = 1,2,\cdots,K_2; r = 1,2,\cdots,K_3 \tag{9.23}$$

在资源影子市场—出口供给之间有

$$\eta_{\lambda k_2} = \left[\frac{\partial(\ln\lambda_j)}{\partial(\ln p_{k_{2l}})}\right] = \left[\frac{\partial \lambda_j}{\partial p_{k_{2l}}}\frac{p_{k_{2l}}}{\lambda_j}\right] = [\boldsymbol{g}_{p_{k_{2l}}}\boldsymbol{\pi}_{w}\boldsymbol{\pi}_{v}^{-1}]$$

$$l = 1,2,\cdots,K_2; j = 1,2,\cdots,J \tag{9.24}$$

式中，$\boldsymbol{g}_{p_{k_{2l}}} = \mathrm{diag}\left(\frac{\partial p_{k_{2l}}}{p_{k_{2l}}}\right)$；$\boldsymbol{\pi}_v = \mathrm{diag}(\nabla_v \pi)$，即均为对角线矩阵。

在资源影子市场—进口之间有

$$\eta_{\lambda k_3} = \left[\frac{\partial(\ln\lambda_j)}{\partial(\ln p_{k_{3r}})}\right] = \left[\frac{\partial \lambda_j}{\partial p_{k_{3r}}}\frac{p_{k_{3r}}}{\lambda_j}\right] = [\boldsymbol{g}_{p_{k_{3r}}}\boldsymbol{\pi}_{w}\boldsymbol{\pi}_{v}^{-1}]$$

$$r = 1,2,\cdots,K_3; j = 1,2,\cdots,J \tag{9.25}$$

式中，$\boldsymbol{g}_{p_{k_{3r}}} = \mathrm{diag}\left(\frac{\partial p_{k_{3r}}}{p_{k_{3r}}}\right)$；$\boldsymbol{\pi}_v = \mathrm{diag}(\nabla_v \pi)$，即均为对角线矩阵。

式（9.24）和式（9.25）分别反映了国内资源禀赋潜在租金价格分别对出口供给农产品价格和进口农产品价格的反应，是衡量农产品国际贸易对国内资源价值影响的重要测度，也是考察有关举措的精确化指标之一[13]。

9.3.3　可变数量—价格弹性

依据 G 函数给定的定义，利润对任何一个市场价格的导数就是一个可变需求的数量（需求函数），符号为“+”表示是净产出；符号为“−”是中间投入[14]。

对于上述初始模型有

$$x_i = \frac{\partial \pi}{\partial p_i} \quad i = 1,2,\cdots,H,H+1,\cdots,K_1,K_1+1,\cdots,K_2,$$

$$K_2+1,\cdots,K_3$$

可变数量—价格弹性可以一般地表示为：

$$\eta_{xp}=\left[\frac{\partial\left(\ln\left(\frac{\partial\pi}{\partial p_i}\right)\right)}{\partial\ (\ln p_j)}\right]$$

$$=[\pi_p{}^{-1}\pi_{pp}p]\quad i,\ j=1,\ 2,\ \cdots,\ H,\ H+1,\ \cdots,\ K_1,\ K_1+1,\ \cdots,\ K_2,\ K_2+1,\ \cdots,\ K_3 \tag{9.26}$$

式中，$\boldsymbol{\pi}_p=\mathrm{diag}(\nabla_v\pi)$；$\boldsymbol{p}=\mathrm{diag}(p_h,\ p_{k_1},\ p_{k_2},\ p_{k_3})$，即均为对角线矩阵。

式（9.26）反映了划分在不同市场里的商品数量对各种市场价格的反应情况，也就是各个市场变化对经济体内物资数量变化的效应。其中，特别明确地表明了农产品国内销售、出口供给和进口这三种市场的影响作用，而对于农产品国际贸易对国内经济物资数量的影响，更可以得到较为详细的描述。

参考文献

[1] Harrigan, J.. Technology, Factor Supplies, and International Specialization: Estimating the Neoclassical Model [J]. The American Economic Review, 1997 (87): 475-494.

[2] 孙中才. G 函数与经济学的新进展 [J]. 汕头大学学报（人文社会科学版），2006 (6): 20-24.

[3] Gopinath, M. and Kennedy, L.. Agricultural Trade and Productivity Growth: A State-level Analysis [J]. American Journal of Agricultural Economics, 2000, 82 (5): 1213-1218.

[4] 孙中才. G 函数与经济学的新进展 [J]. 汕头大学学报（人文社会科学版），2006 (6): 20-24.

［5］孙中才．第 9 讲：G 函数与国民经济分析［M］//农业经济学讲义（硕士研究生试用）．北京：中国人民大学农业经济系，2006：73.

［6］孙中才．农业经济数理分析［M］．北京：中国农业出版社，2006：36.

［7］孙中才．世界农业发展与欧盟共同农业政策［M］．北京：法律出版社，2003：60-61.

［8］Keeney，D.．Toward a Sustainable Agriculture：Need for Clarification of Concepts and Terminology［J］．J. Alt. Agric. ，1989，4（3—4）：101-105.

［9］Haith，D.．Environmental Systems Optimization［M］．John Wiley &Sons，1982：87-89.

［10］孙中才．技术性贸易壁垒的经济效应［J］．汕头大学学报（人文社会科学版），2005（2）：27-34.

［11］Diewert，W.．Functional Forms for Profit and Transformation Functions［J］．Journal of Economic Theory，6（1973）：284-316.

［12］Diewert，W. E.．'Applications of duality theory.' In M. D. Intriligator and D. A. Kendrik，eds，Frontiers of Quantitative Economics，2（Amsterdam：North-Holland）：117.

［13］Kohli，U.．（1978）/Bank of Canada，"A gross national production function and the derived demand for imports and supply of exports"［J］．Canadian Journal of Economics，May 1978：167-82.

［14］Debreu，G.．Theory of Value：An Axiomatic Analysis of Economic Equilibrium［M］．J. Wiley and Sons，New York：21.

第10章　自由贸易与农业经济发展

10.1　引　言

20世纪40年代，在战后的经济恢复时期，在世界的局部地区开始出现了区域经济一体化，尔后，随着世界经济格局的发展，特别是在20世纪80年代以来，随着世界经济一体化趋势的出现和发展，区域经济一体化更有了突出的进步。其主要表现就是自由贸易协定FTA（Free Trade Agreement，FTA）和经济一体化协议EIA（Economic Integration Agreement，EIA）的迅速发展[1]。其中，后者是前者的发展趋势。

20世纪后半叶以来，FTA的数量快速增加，截至2010年的统计，生效的FTA已经集中了世界贸易流的50%以上。在WTO多边贸易规则之外，大多数的WTO成员经济体都参与了一个或一个以上的自由贸易区[2]。

资料表明，在FTA和自由贸易区的形成过程中，农产品的降税以及有关的模式，通常是最重要的议题，也是难点和焦点。值得注意的是，自由贸易区谈判的核心内容是市场准入，重点在于当事者之间贸易壁垒的消除，而对当事者在各自经济体内实行的支持或补贴不做要求。因而，在有关谈判中，当事者为了实现对自己农业利益的保护，都对农产品关税的减让安排给予高度重视，也作谨慎处理。因此，有关农产品贸易安排的谈判日益发展，在某些情况下，开始或者已经步入自由贸易区谈判的核心内容[3]。已有实例说明，农产品关税的大幅度消减，对自由贸易区的形成和发展，往往有着重要的作用，对其中处于发展中经济的当事者似乎更为重要[4]。

对于自由贸易区，在理论上，主要是针对社会福利增减的可能性，借助两个静态效应——贸易创造（Trade Creation）和贸易转移（Trade Diversion）来做出分析和判断[5]。资料表明，这些概念在以往的解释中，曾做出了很大的贡献。然而，因为数学语言运用得有限，因此，显然还不够精确，而由此产生的推理也容易产生模糊和歧义，并容易得出同样模糊和歧义的结论。

对此，在以生产函数，或称 F 函数，为经济学基本理论前沿并作为范式的时期，有关经济学家就已经做过探索，并取得了卓有成效的结果。只是因为 F 函数还不能给这些概念提供一个完整的初始结构，很难给出有关贸易的确切定义，因而，其推理过程和基本结论，只可能给出不精确的和难于严谨的解释。

有约束的利润函数，即 G 函数的发现并成为当代经济学的理论前沿之后，似乎可以为这些问题的解决，提供一个很便利的基础了。首先，G 函数本身的直观结构就是一个贸易函数，直接地就是一个关于贸易结构的初始结构，可以便利地给有关贸易的结构做出精确的定义和陈述；其次，G 函数除了自由市场的陈述之外，还包括了约束条件和基本固定数量的陈述，这后一方面的陈述，对比着 F 函数，就明显地扩展了想象的空间，从而允许人们将市场价格之外的众多经济因子归入约束条件，并给予抽象的定义，将分析引向深入；最后，作为新的理论前沿，G 函数已经成熟的推理过程和给定的定理，可以更精确地给出有关定义和解释，从而使上述有关概念得到更有说服力的阐述，其结果可以使人们得到更值得信赖的科学的知识。

本章从 G 函数出发，以农业部门为焦点，给出一个最简单的局部均衡模型，用以陈述农业的市场结构和有关贸易的定义，并推导出一些必要的概念和测度。

10.2 初始模型的基本结构

10.2.1 国民收入模型的基本概念

对于国民经济体来说，它的基本行为可以初始性地写为：

$$\text{Max } s = \boldsymbol{px} \tag{10.1}$$

s. t.

$$\boldsymbol{x} \in Y(\boldsymbol{v}) \tag{10.2}$$

$\boldsymbol{p}$，$\boldsymbol{x} \in R^I$，$v \in R^J$

这里，s——国民收入总值；

$\boldsymbol{x}$——最终产品向量，$\boldsymbol{x}=(x_1, x_2, \cdots, x_I)$；

$\boldsymbol{p}$——最终产品的价格向量，$\boldsymbol{p}=(p_1, p_2, \cdots, p_I)$；

$Y(\boldsymbol{v})$——资源禀赋 $\boldsymbol{v}$ 的凸性生产可能性集合，其中，$\boldsymbol{v}=(v_1, v_2, \cdots, v_J)$。

当 $Y=\pi(\boldsymbol{p}, \boldsymbol{v})=\text{GNP}(\boldsymbol{p}; \boldsymbol{v})$ 时，模型（10.1）－（10.2）的解将是 GNP 的最大值[6]。这个模型必须满足的条件有 2 个：一个是这个利润函数 $\pi(\boldsymbol{p}; \boldsymbol{v})$ 是二次连续可微的，即要求因子之间存在平滑的可替代性；另一个是资源禀赋的数量至少与产品一样多，即 $J \geqslant I$。这样，依据 Hotelling 引理，净产出供给的向量 $\boldsymbol{x}(\boldsymbol{p}; \boldsymbol{v})$ 就由

$\pi(\boldsymbol{p};\ \boldsymbol{v})$ 关于 $\boldsymbol{p}$ 的梯度来给出：

$$x_i(\boldsymbol{p};\boldsymbol{v}) = \frac{\partial \pi(p;v)}{\partial p_i} \quad i = 1,2,\cdots,I$$

这里，定义 $\boldsymbol{p} \gg 0_I$ 和 $\boldsymbol{v} \leqslant 0_J$，$\boldsymbol{x}_i(i=1,\ 2,\ \cdots,\ I)$ 的符号则取决于是“产出”还是“投入”。若是产出，为“+”；若是投入，为“−”。对于式（10.1）来说，定义为产出，还是定义为投入，或者说，把 $\boldsymbol{x}_i(i=1,\ 2,\ \cdots,\ I)$ 的符号定义为“+”，还是为“−”，取决于它与该式所表示的核算方向如何：若 $\boldsymbol{x}_i(i=1,\ 2,\ \cdots,\ I)$ 属于收入项，如出口供给的和国内市场销售的产品等，则为“+”；若属于支出项，例如，是进口的，对污染所做出的支出，或税务等，则为“−”[7]。对于这些项中所含的成分，也同样定义。

10.2.2　一个部门——农业的贸易及其市场表现

为简单起见，我们给出关于一个部门——农业的贸易陈述。这是一个局部均衡模型。在此，我们将农产品市场分为 3 个成分，即国内直接销售、出口供给和进口，它们分别呈现为不同的价格。同时，考虑了相应的几个固定数量，即劳动力、资本存量和福利指数，以及市场需求约束、技术限制和生态指数等。

由此得出一个关于农业部门的 G 函数为：

$$\pi(\boldsymbol{p}_1;\boldsymbol{v}) = \pi(p_{1i};v_j) = \pi(p_{11},p_{12},p_{13};v_j) \qquad (10.3)$$

式中，$\pi(\cdot)$——农业利润总值；

p_{1i}——农产品市场价格。

i——市场，$i=1$，农产品国内销售市场；$i=2$，农产品出口；

$i=3$，农产品进口。$p_1=(p_{11},\ p_{12},\ p_{13})$；

v_j——固定数量。$j=1$，劳动力；$j=2$，资本存量；$j=3$，福利指数；

$\boldsymbol{v}=(v_1, v_2, v_3)$。

由式（10.3），得出它的 Jacobi 向量为

$$\left[\frac{\partial \pi}{\partial p_{11}} \quad \frac{\partial \pi}{\partial p_{12}} \quad -\frac{\partial \pi}{\partial p_{13}} \quad -\frac{\partial \pi}{\partial v_j}\right], j=1,2,3$$

并如上所述，根据 Hotelling 引理，这里有：

$x_{11}=\frac{\partial \pi}{\partial p_{11}}$，农产品国内供给量，并根据前述的定义，其符号为“+”；

$x_{12}=\frac{\partial \pi}{\partial p_{12}}$，农产品出口量，其符号为“+”；

$x_{13}=-\frac{\partial \pi}{\partial p_{13}}$，农产品进口量，其符号为“−”；

$\lambda_j=-\frac{\partial \pi}{\partial v_j}$，固定数量 j 的影子利润率，$j=1, 2, 3$。

进一步，得出它的 Hessian 矩阵为

$$H=\begin{bmatrix} \frac{\partial^2 \pi}{\partial p_{11}^2} & \frac{\partial^2 \pi}{\partial p_{12}\partial p_{11}} & -\frac{\partial^2 \pi}{\partial p_{13}\partial p_{11}} & -\frac{\partial^2 \pi}{\partial v_j\partial p_{11}} \\ \frac{\partial^2 \pi}{\partial p_{11}\partial p_{12}} & \frac{\partial^2 \pi}{\partial p_{12}^2} & -\frac{\partial^2 \pi}{\partial p_{13}\partial p_{12}} & -\frac{\partial^2 \pi}{\partial v_j\partial p_{12}} \\ -\frac{\partial^2 \pi}{\partial p_{11}\partial p_{13}} & -\frac{\partial^2 \pi}{\partial p_{12}\partial p_{13}} & -\frac{\partial^2 \pi}{\partial p_{13}^2} & -\frac{\partial^2 \pi}{\partial v_j\partial p_{13}} \\ -\frac{\partial^2 \pi}{\partial p_{11}\partial v_j} & -\frac{\partial^2 \pi}{\partial p_{12}\partial v_j} & \frac{\partial^2 \pi}{\partial p_{13}\partial v_j} & \frac{\partial^2 \pi}{\partial v_h\partial v_j} \end{bmatrix}$$

这个 Hessian 矩阵所反映的便是式（10.3）中各个因子之间的相互影响，也就是因子之间的效应[8]。其中，其主对角线上的元素为各个因子的自效应，即自身的反身效应，其余为所对应因子之间

的相互效应。就我们的讨论目标——解释国际贸易的基本效应而言，在这个矩阵里，我们的目光聚焦于 p_{12} 和 p_{13} 所涉及的那些元素，以及由这些元素所引申出来的组合。其中，我们格外关注的有：

（1）农产品国际贸易对国内生产的综合效应：

$$e_{p_{11}12,13}(0,\ 0)=e_{p_{11},p_{12}}(0)+e_{p_{11},p_{13}}(0)=\frac{\partial^2\pi}{\partial p_{12}\partial p_{11}}-\frac{\partial^2\pi}{\partial p_{13}\partial p_{11}} \tag{10.4}$$

（2）农产品国际贸易对国内福利的综合效应：

$$e_{v_3 12,13}(0,\ 0)=e_{v_3,p_{12}}(0)+e_{v_3,p_{13}}(0)=-\frac{\partial^2\pi}{\partial p_{12}\partial v_3}+\frac{\partial^2\pi}{\partial p_{13}\partial v_3} \tag{10.5}$$

（3）国际贸易本身的综合效应：

$$e_{12,13}(0,\ 0)=e_{p_{12},p_{12}}(0)+e_{p_{13},p_{13}}(0)+e_{p_{12},p_{13}}(0,\ 0)=\frac{\partial^2\pi}{\partial {p_{12}}^2}-\frac{\partial^2\pi}{\partial {p_{13}}^2}+2\frac{\partial^2\pi}{\partial p_{12}\partial p_{13}} \tag{10.6}$$

显然，用以分析国际贸易效果的两个静态效应——贸易创造和贸易转移就应该分别包含在式（10.4）和式（10.5）之中。式（10.6）可以作为一个基准测度，用来比较国际贸易对本身和对国内生产，以及对国内福利的影响，到底哪个作用更大。

10.2.3　价格楔子与国际贸易结构

国际贸易的实践表明，贸易结构的变化，从市场的角度来看，就是进口与出口税率的变化。税率，就是给价格加入了一个增长率，俗称价格楔子（price wedge）。价格楔子束决定了国际贸易的不同结构。自由贸易协定中的一项重要内容，在很多情况下，甚至是最重要的这项内容就是确定这个价格楔子束中的各个元素，也就是各种进口和出口物品的税收率。容易理解，这些税收率，总是自觉地或者不自觉地围绕着各自的一个参照基准来增减，这便是谈判的基本目的。这个参照基准税率，可以成为期望水平税率。从理论上讲，在国际贸易中，各种商品的期望水平税率都是存在的。

引入价格楔子，若其余不变，我们可以把式（10.3）改写为

$$\pi(p_1;\ v)=\pi(p_{11},\ (1+r_{12})p_{12},\ (1+r_{13})p_{13};\ v_j)\qquad j=1,\ 2,\ 3 \tag{10.7}$$

这里，r_{12}——出口税率；

r_{13}——进口税率。

给定国际期望的出口税率为$\bar{r}_{12}$，国际期望的进口的率为$\bar{r}_{13}$。如果有$r_{12}<\bar{r}_{12}$和/或$r_{13}<\bar{r}_{13}$，即出口税率和/或进口税率，有一个或者两个都低于国际期望的税率，那么，这个经济体就在这里获得了特惠。事实表明，这种特惠的程度和范围，以及可持久的状况，就成了衡量和区别 FTA 类别的基本标准。

不失一般性，$r_{12}=0$ 和 $r_{13}=0$ 是一个很重要的可参照点。这就是出口和进口均没有税收的情况，是一种完全自由的国际贸易。人们能够看出，式（10.3）所陈述的就是这样的贸易情况。尔后所得出的式（10.4）～式（10.6）也是就这种情况所得出的结果。因此，从关税同盟的立场来看，式（10.3）是出口特惠和进口特惠都达到了 0 时的情况，如果贸易双方都达到了这种情况，不再有关税壁垒，那么就是双边贸易真正实现了市场不再有关税壁垒的情况。可以认为，这种情况便是自由贸易区的起码条件具备了。否则，仍属于 FTA 向着这种自由贸易区的发展过程之中，一般来讲，也就是仍处

在特惠贸易安排的谈判之中。不失一般性，也就是处在 $r_{12}<\bar{r}_{12}$ 和 $r_{13}<\bar{r}_{13}$ 的过程中。由此看来，自由贸易区是地区贸易协定中实现了国际贸易之间取消了过境关税的情况，是 FTA 发展的终极性特例。于是，在式（10.7）中，我们有理由设 $0<r_{12}<\bar{r}_{12}$ 和 $0<r_{13}<\bar{r}_{13}$。

由式（10.7），得出它的 Jacobi 向量为

$$\left[\frac{\partial \pi}{\partial p_{11}} \quad (1-r_{12})\frac{\partial \pi}{\partial p_{12}} \quad (-1-r_{13})\frac{\partial \pi}{\partial p_{13}} \quad -\frac{\partial \pi}{\partial v_j}\right] \quad j=1,2,3 \tag{10.8}$$

这里，因为 r_{12} 和 r_{13} 所在的项为税收额，所以该项的符号为“—”，因而这个 Jacobi 向量中相应的元素如此。

类似于前面的做法，在式（10.8）的基础上，得出相应的 Hessian矩阵，并从而得出，存在特惠时的 3 个综合效应：

（4）农产品国际贸易对国内生产的综合效应：

$$e_{p_{11}12,13}(r_{12},r_{13})=e_{p_{11},p_{12}}(r_{12})+e_{p_{11},p_{13}}(r_{13})=(1-r_{12})\frac{\partial^2\pi}{\partial p_{12}\partial p_{11}}-(1+r_{13})\frac{\partial^2\pi}{\partial p_{13}\partial p_{11}} \tag{10.9}$$

（5）农产品国际贸易对国内福利的综合效应：

$$e_{v_3 12,13}(r_{12},r_{13})=e_{v_3,p_{12}}(r_{12})+e_{v_3,p_{13}}(r_{13})=-(1-r_{12})\frac{\partial^2\pi}{\partial p_{12}\partial v_3}+(-1-r_{13})\frac{\partial^2\pi}{\partial p_{13}\partial v_3} \tag{10.10}$$

（6）国际贸易本身的综合效应：

$$\begin{aligned}e_{12,13}(r_{12},r_{13})&=e_{p_{12},p_{12}}(r_{12})+e_{p_{13},p_{13}}(r_{13})+e_{p_{12},p_{13}}(r_{12},r_{13})\\&=(1-{r_{12}}^2)\frac{\partial^2\pi}{\partial {p_{12}}^2}-(1+r_{13})^2\frac{\partial^2\pi}{\partial {p_{13}}^2}-2r_{12}(1+r_{13})\\&\quad\frac{\partial^2\pi}{\partial p_{12}\partial p_{13}}\end{aligned} \tag{10.11}$$

10.3 讨论与结论

从式（10.8）～式（10.11）中能够看出，式（10.7）中所增加的因子系数，都分别转移到了相应的效应上。

首先，从式（10.8）容易看到，作为价格楔子的税收率被转移到了出口和进口数量上。这些税率的大小，直接影响到出口和进口数量的同比例变化。特惠的税率 $0<r_{12}<\bar{r}_{12}$ 和 $0<r_{13}<\bar{r}_{13}$ 导致出口和进口的数量，都要比国际期望税率所决定的要多，但一定低于自由贸易——税率为 0，即 $r_{12}=0$ 和/或 $r_{13}=0$——所决定的水平。因此，从 FTA 的角度来看，特惠税率比国际期望税率创造了双向的贸易流量，促进了边境贸易的畅通。但如果能达到自由贸易区的高水平，即出口和进口的特惠税率均成为 0，那么，这种创造必将达到自由市场水平。

式（10.9）～式（10.11）所呈现的是特惠税率的综合效应。为简单起见，我们采用相对静态分析的定点分析法，对这些公式最后右端项中的因子，除包含价格楔子的系数保留不变外，其余的均设定为 1。那么，式（10.9）～式（10.11）的内容将简化为：

农产品国际贸易对国内生产的综合效应：

$$e_{p_{11}12,13}(r_{12},r_{13})=(1+r_{12})+(-1-r_{13})=-r_{12}-r_{13} \tag{10.12}$$

农产品国际贸易对国内福利的综合效应：

$$e_{v_3 12,13}(r_{12},r_{13})=-(1-r_{12})-(1+r_{13})=-2+r_{12}-r_{13} \tag{10.13}$$

国际贸易本身的综合效应：

$$e_{12,13}(r_{12}, r_{13}) = (1-r_{12}^2) - (1+r_{13})^2 - 2r_{12}(1+r_{13})$$
$$= -2r_{12} - 2r_{13} - 2r_{12}r_{13} - r_{12}^2 - r_{13}^2 \quad (10.14)$$

从表示式（10.12）最后结果的右端可以看出，出口和进口税率的效应对于国内生产供给的效应都是“－”的。这意味着，出口和进口税率的存在，都会导致国内供给量的减少。然而，也不难看出，如果这些税率降低，必然会降低这方面的效应，而使减少的量降低。因而由此可以看出，自由贸易协定的发展，若其余不变，其中主要在于进口税率的降低，即聚焦于进口准入的特惠，即进口税率 r_{13} 的降低，会导致对国内生产供给的阻碍减少，从而鼓励生产发展。反之，相反。从式（10.13）的右端则能够看出，出口税率与进口税率对福利的作用正好是相反的，它们的差决定着对福利的最后效应。出口税率是积极的，进口税率是消极的。如果令

$$-r_{12} - r_{13} > -2 + r_{12} - r_{13}$$

得出

$r_{12} < 1$ 必定成立。

这意味着，在国际贸易中，出口和进口税率的综合作用，对国内供给的影响必然大于对福利的影响。在自由贸易协定的发展中，注重进口准入的谈判，强调进口税率特惠的做法，力争不断地降低进口税率，其积极意义可能正在于此。所谓贸易创造效应，特别是自由贸易区和自由贸易协定所追求的积极效果，可能也在于此。税率降低，可以较大地降低对国内生产供给的阻碍，从而鼓励国内供给。

从静态效应的结构来看，边境贸易上的税率，直接转移成了对出口和进口数量的控制系数，同时，其作用也转移到了对国内供给

和福利的作用上。式（10.12）和式（10.13）反映了这种转移的内容。容易看出，由进口税率直接转移来的福利，会随着进口税率的降低而降低，如果其余条件不变，特惠进口税率的发展，主要是进口税率的不断降低，那么由这里的分析结果可以看出，其直接转移的福利是降低的。因此，可以认为，自由贸易协定的发展，自由贸易区的建立，特惠进口税率的积极作用主要在于对国内生产的创造方面，而不是在对福利的转移方面。对直接福利转移的效应恰恰是消极的。

另外，如果令

$$-2r_{12}-2r_{13}-2r_{12}r_{13}-{r_{12}}^2-{r_{13}}^2>r_{12}-r_{13}$$

得出

$-3r_{12}-r_{13}-2r_{12}r_{13}-{r_{12}}^2-{r_{13}}^2>0$，是不可能的，当 $0<r_{12}$ 和 $0<r_{13}$ 时；

和

$$-2r_{12}-2r_{13}-2r_{12}r_{13}-{r_{12}}^2-{r_{13}}^2>-r_{12}+r_{13}$$

得出

$-r_{12}-3r_{13}-2r_{12}r_{13}-{r_{12}}^2-{r_{13}}^2>0$，也是不可能的，当 $0<r_{12}$ 和 $0<r_{13}$ 时。

这两个结果意味着，国际贸易中的边境税收，自然首先会影响到边境贸易自身，但是，在税收正常的情况下，只要这种税率存在，其强度必定低于对国内生产和对福利的影响。而当这种税率不再存在，自由贸易实现了，这些影响均归于 0 时，它们之间的强度差也将归于 0。因而，正常的国际贸易税率，特惠的或者非特惠的，其主要作用均在于对国内生产和福利的影响。对此，非数理分析是很难猜想到的，因而，在以往的有关论述中未曾发现有如此的分析结果。

参考文献

[1] Grossman, Gene M. , Helpman, Elhanan. The Politics of Free-Trade Agreement [J]. American Economic Review, 1995, 95 (85): 667-690.

[2] WTO Trade Profiles 2008, The WTO Secretariat, 2008.

[3] Lederman, Daniel, Maloney, William F. , Serveen, Luis. Lessons from NAFTA for Latin America and the Caribbean [R]. World Bank Publications, 2005: 41-57.

[4] De Janvry, Alain and Sadoulet. Elisabeth. NAFTA' s Impact on Mexico: Rural Household-level Effects [J]. American Journal of Agricultural Economics, 1995, 95 (77): 1283-1291.

[5] Levy, Philip L.. A Political-Economic Analysis of Free-Trade Agreements [J]. American Economic Review, 1997, 97 (87): 506-517.

[6] 孙中才. 第 9 讲：G 函数与国民经济分析 [M] //农业经济学讲义（硕士研究生试用）. 北京：中国人民大学农业经济系，2006：73.

[7] Debreu, G. Theory of Value: An Axiomatic Analysis of Economic Equilibrium [M]. New York: Wiley and Sons, 1959: 21.

[8] Harrigan, J.. Technology, Factor Supplies, and International Specialization: Estimating the Neoclassical Model [J]. The American Economic Review 1997 (87): 475-494.

第11章 经济技术水平与农产品反倾销

11.1 引 言

经济体内的技术水平与国内市场之间的增长差异造就了超量供给，超量供给决定着产品的竞争力[1]。在国际贸易中，产品竞争力的变化，支持了有关概念的形成与发展。

在工业化的经济中，农业可能会经常存在着超量供给。依据定义，超量供给是技术进步率与准化价格增长率之间存在的差异所造成的。分析结果表明，在工业化经济中，农业生产可能会经常出现这个差异。农产品的超量供给，导致农业以相对高出实际比价的名义价格，向非农业部门销售了农产品，而非农业部门做出了相等的支付，使得农业获得了超额收益（或超额利润）。与此同时，如果这种超量供给的数量超过了经济体内的市场允许容量，便会产生经济体总体水平上的农产品超量剩余。这些超量剩余，一般地必然成为负担。在经济运行过程中，技术的进步率与市场价格增长率的差，“自然”地产生了超量供给，当其数量足够大，超出了本经济体市场的吸纳能力时，不能被吸纳的部分必然受到排斥而游离于交易之外，结果是，其价值不能实现，内涵的技术和劳动被沉淀下来。在完全闭合的经济里，这种沉淀将被浪费，而经济体本身会在反馈信息的作用下，不断调整结构，减慢技术进步率，才能减少超量供给的数量，避免过多地造成这种浪费。在完全闭合的情况下，没有其他市场可以利用，也就是没有市场出路，沉淀的实物没有价值实现的机会。但是，如果是开放的经济，外部存在着国际市场，情况就将大为改观了。有了市场出路，沉淀的实物有了价值实现的机会，那么，该经济体可以同时选择如下的两方面努力，也可以选择其一：一方面，增强经济体内的约束能力，努力调整农业技术进步的速率，减少超量供给的数量；另一方面，加强对外销售，努力把超量剩余输往国际市场，避免价值沉淀。事实表明，若其余条件不变，后一方面的努力更具有双重的效果：一个是，对比着在生产和科学研究领域的大范围内实施调节和试验，而将商品推向市场，总归要简单一些，因而，在能够达到同样目的的过程中，后者应该比前者更经济；另一个是，将剩余商品推向国际市场，一般地不会立时给国内市场带来不利影响，更不会立时给生产和技术带来不利影响。游离于国内市场的产品，找到新的市场出路，显然是一种独立的后期举动，反过来联系过去的经历，即时作用很有限。因此，这种推销本身，对国内市场秩序的自由和稳定，对有关技术研究的独立独行和自我主宰，不利影响会很小，甚至相反，会明显地给予维护和支持[2]。事实表明，向国际市场推销的努力，通常比进行内部结构的调整更简洁便利，也就是更经济。因而，在处理产品剩余上，各个经济体通常首先选择外贸出口，然后才顾及其他。

显然，超量供给的概念，是技术进步对市场变化而言的；超量剩余的概念，则是超量供给对国内市场吸纳能力而言的[3]。在农业超量供给的前提下，对于农产品净出口或完全自给的经济来说，必然出现超量剩余；而对于净进口的经济，则不一定了。一般地，这要依据国内市场的吸纳能力而定：吸纳能力大于或等于超量供给量，即需求缺口大于或等于供给量，仍需要进口或正好能满足需求缺口，便不会产生超量剩余；否则，吸纳能力小于超量供给量，即需求缺口小于超量供给量，便会产生超量剩余。但也会有特殊，在净进口的经济里，出于囤积或失误等原因，也可能存在着超量剩余。

有了超量剩余，就有了净出口的能力，自然也就有了净出口的要求。由此可以认为，有了超量供给，才可能有超量剩余，把超量剩余销往国际市场，是国内经济运行存在超量供给的必然要求，反过来，也是维护和保持超量供给所需要的、“自然产生的”经济机理[4]。

容易理解，在工业化经济里，农业的超量供给是经济最优化的结果，是自由市场自行调节的产物，是技术最优组合的体现。维护和保持它，是满足经济的效率所必需的。由此可以看到，存在着农业超量剩余的经济，为维护自己的超量供给状态，会尽力开通国际市场的渠道，将其超量剩余的农产品推销出去；而那些不存在农业超量剩余的经济，在国际贸易日益发达的情况下，仍不可避免地会进行农产品的进出口，会格外注意保护自己的超量供给，以便保护自己农业的技术进步水平，令其不受侵害。因为这种侵害，一定意味着贬低了农业的（甚至整体的）技术效率。在国际贸易中，这种侵害在很大程度上来源于农产品的进口。若其余条件不变，来源于那些具有超量剩余的经济的进口，侵害倾向会更严重。超量剩余既具有更大的竞争力，又具有更强的倾销要求[5]。

11.2　农业的超量供给与超量剩余

在 G 函数中，因为具体产业的技术变化能够以同样方法化为具体产业的价格增长模型[6]，因而可以得出一个最简单的两部门的有约束利润函数为

$$G=\pi(a_1p_1\quad a_2p_2\quad p_3\quad p_4;\boldsymbol{v})\tag{11.1}$$

式中，$\pi(\cdot)$——利润函数；

a_1——农业部门的平均技术，常量；

p_1——农产品价格；

a_2——非农业部门的平均技术，常量；

p_2——非农产品价格；

p_3——农产品出口价格；

p_4——农产品进口价格；

$\boldsymbol{v}$——约束向量，$\boldsymbol{v}=[v_1, v_2, \cdots, v_J]$，$v_j\leqslant 0$，$j=1, 2, \cdots, J$；有 $4\leqslant J$。

根据 Hotelling 引理和变换函数的定义，对于式（11.2），有：

$$\frac{\partial \pi}{\partial (a_1p_1)}=x_1=a_1f_1(a_2f_2)$$

$$\frac{\partial \pi}{\partial (a_2p_2)}=x_2=a_2f_2$$

得出：$\dfrac{\partial x_1}{\partial x_2}=a_1a_2\dfrac{\partial f_1}{\partial f_2}$。这里，$f_1$——无技术进步的农业变换函数；$f_2$——无技术进步的非农业变换函数。

并根据对偶原理和经营函数最优化的一阶条件，得出：

$$\frac{\partial x_1}{\partial x_2}=a_1a_2\frac{\partial f_1}{\partial f_2}=\frac{p_2}{p_1}$$

进而得到：$\frac{\partial f_1}{\partial f_2}=\frac{1}{a_1a_2}\frac{p_2}{p_1}$

令 $\ln\left(\frac{\partial f_1}{\partial f_2}\right)=-\ln a_1-\ln a_2+\ln p_2-\ln p_1$ (11.2)

设式（11.2）中：$\frac{\partial f_1}{\partial f_2}=\varphi(t)$，$a_1=a_1(t)$，$a_2=a_2(t)$，$p_2=p_2(t)$，$p_1=p_1(t)$，$t$——时间。对式（11.2）求关于 t 的全微分，得出：

$$\frac{d\varphi_1}{dt}\frac{1}{\varphi}=-\frac{da_1}{dt}\frac{1}{a_1}-\frac{da_2}{dt}\frac{1}{a_2}+\frac{dp_2}{dt}\frac{1}{p_2}-\frac{dp_1}{dt}\frac{1}{p_1} \tag{11.3}$$

已经证明，若式（2.3）小于0，即有：

$$-\frac{da_1}{dt}\frac{1}{a_1}-\frac{da_2}{dt}\frac{1}{a_2}+\frac{dp_2}{dt}\frac{1}{p_2}-\frac{dp_1}{dt}\frac{1}{p_1}<0 \tag{11.4}$$

那么，农业就会存在着超量供给[7]。这时，由技术和市场所给定的实际投入—产出数量分别为

$$农产品供给：\frac{\partial \pi}{\partial (a_1p_1)}=x_1=a_1f_1(a_2f_2)$$

$$非农业产品需求：\frac{\partial \pi}{\partial (a_2p_2)}=x_2=a_2f_2$$

而单纯地由市场价格确定的平衡条件，即无技术进步的平衡条件，则分别是

$$\frac{\partial \pi}{\partial p_1}=f_1(f_2)$$

$$\frac{\partial \pi}{\partial p_2}=f_2$$

于是存在着：$s_1=x_1-f_1=a_1f_1(a_2f_2)-f_1(f_2)$。因为转换函数是齐次线性的，因而可以得到：

$$s_1=(a_1a_2-1)f_1(f_2) \tag{11.5}$$

和
$$s_2=(a_2-1)f_2 \tag{11.6}$$

式（11.5）所示明的便是在 G 函数（有约束的利润函数）背景下的农业超量供给量；式（11.6）是非农业对农业的超量投入量。并且，依据技术进步的定义，有 a_1，$a_2>1$，因而，必然有

$$s_1=(a_1a_2-1)f_1(f_2)>0$$

另外，根据 Hotelling 引理，还可以得出，出口数量为$\frac{\partial \pi}{\partial p_3}$，和进口数量为$\frac{\partial \pi}{\partial p_4}$。于是，在式（11.2）中，能够得到这样一个核算等式，即

$$d=s_1-m=(a_1a_2-1)f_1(f_2)-\left(\frac{\partial \pi}{\partial p_3}-\frac{\partial \pi}{\partial p_4}\right) \tag{11.7}$$

式中，d——超量供给量与国际市场准入量之间的差；

s_1——国内农产品超量供给量；

m——国际贸易的市场准入量，即出口数量与进口数量的差；

$\frac{\partial \pi}{\partial p_3}$——出口数量；

$\frac{\partial \pi}{\partial p_4}$——进口数量。

容易发现，式（11.7）有 3 个取值范围，即

$$d=s_1-m=(a_1a_2-1)f_1(f_2)-\left(\frac{\partial \pi}{\partial p_3}-\frac{\partial \pi}{\partial p_4}\right)>0 \tag{11.8}$$

$$d=s_1-m=(a_1a_2-1)f_1(f_2)-\left(\frac{\partial \pi}{\partial p_3}-\frac{\partial \pi}{\partial p_4}\right)=0 \tag{11.9}$$

$$d=s_1-m=(a_1a_2-1)f_1(f_2)-\left(\frac{\partial \pi}{\partial p_3}-\frac{\partial \pi}{\partial p_4}\right)<0 \tag{11.10}$$

可以直观地看出，要使 d 有所增减，在式（11.8）～式（11.10）中，均不会有 $m=\left(\frac{\partial \pi}{\partial p_3}-\frac{\partial \pi}{\partial p_4}\right)=0$，而必须是 $m=\left(\frac{\partial \pi}{\partial p_3}-\frac{\partial \pi}{\partial p_4}\right)>0$ 或 $m=\left(\frac{\partial \pi}{\partial p_3}-\frac{\partial \pi}{\partial p_4}\right)<0$。这意味着，在国际贸易中，超量供给量的增减，必须借助净出口或者净进口来完成。当然，这也意味着，超量供给量的取值范围，无论是在净出口的情况下，还是在净进口的情况下，都是可能成立的。然而，它们所呈现的市场情况却是有差别的。式（11.9）中必有 $m=\left(\frac{\partial \pi}{\partial p_3}-\frac{\partial \pi}{\partial p_4}\right)=s_1$，意味着，开放的经济体实现了总体性的贸易平衡，农产品市场准入量为净出口 m，并且正好等于超量供给量 s_1，两者之差为 0，正好满足了市场吸纳容量。式（11.10）中必定有 $m=\left(\frac{\partial \pi}{\partial p_3}-\frac{\partial \pi}{\partial p_4}\right)>s_1$，这意味着，开放的经济存在净出口，市场准入量 m 与超量供给量 s_1 的差为负，农产品的超量供给量已经被市场所吸纳，但还不能满足吸纳容量。相反，式（11.8）则意味着，$m=\left(\frac{\partial \pi}{\partial p_3}-\frac{\partial \pi}{\partial p_4}\right)<s_1$，对外贸易的净出口不能完全吸收超量供给量，会存在部分（甚至全部）剩余，即超量剩余。造成这种剩余的因素，既可能是净出口不足，也可能是净进口有余。这倒告诉人们，超量剩余的情况，既可能出现在净出口的经济里，也可能出现在净进口的经济里。因此，要减少或消除这种剩余，需要首先区别市场准入是净出口的还是净进口的这两种情况。

11.3 倾销倾向与反倾销的必要性

从 G 函数出发，将有关当代农业的生产与贸易的结构，陈述成了更简单的模型。上述分析结果表明，在这个陈述模型的基础上，将农业的超量供给归结为了技术与国内市场共同决定的状态。这种状态将产生农产品的超量供给量。在现有的市场结构里，若其余条件不变，这个超量供给量有两种可能，一种是完全被市场吸纳；另一种是没有被市场完全吸纳，部分地或全部地成了超量剩余。吸纳与剩余则是国内市场与国际市场共同作用的结果。若其余条件不变，吸纳，意味着现有的市场结构适合于被吸纳的部分；而剩余，则意味着现有市场结构不再适合于这剩余的部分。因此，当超量剩余已经出现并需要尽快地减少或消除的时候，便需要适当地改变市场结构，也就是需要改变价格结构。于是，关键的经济作用点便集中到了净出口上。降低出口价格，提高竞争力，可能是最有效的[8]。

在这里，我们将有效地减少或消除超量剩余的考虑，集中在价格竞争力方面。为此，我们从式（11.8）出发，并为清楚起见，将农产品超量剩余 d_{s_1} 定义为。

$$d_{s_1}=s_1-m=(a_1a_2-1)f_1(f_2)-\left(\frac{\partial\pi}{\partial p_3}-\frac{\partial\pi}{\partial p_4}\right)>0 \tag{11.11}$$

式中，d_{s_1}——农产品超量剩余。

容易理解，以国内农产品价格来计算，这个超量剩余的价值为

$$p_1d_{s_1}=p_1(s_1-m)=p_1\left[(a_1a_2-1)f_1(f_2)-\left(\frac{\partial\pi}{\partial p_3}-\frac{\partial\pi}{\partial p_4}\right)\right]$$

并得到

$$p_{s_1}=(a_1a_2-1)p_1 \tag{11.12}$$

这里，p_{s_1}——超量供给的实际价格。

由此可以理解到，超量供给量和超量剩余，在国内市场上虽然

均可被视为具有销售价格 p_1，而实际上却只有供给价格 p_{s_1}。令

$$(1-\alpha_1)p_1 = p_{s_1}$$

这里，α_1——国内销售价格对于超量供给实际价格的最大可下降幅度。

由式（11.12）得出： $(1-\alpha_1)p_1=(a_1a_2-1)p_1$

并解得： $$\alpha_1=2-a_1a_2 \tag{11.13}$$

由此可以看出，超量供给的实际价格，是由技术进步给国内市场价格带来的隐含下降率。

同理，令

$$p_1 = (1-\beta)p_3$$

这里，β——出口价格对于国内销售价格的可选择的最大下降幅度。

并能得出出口的价格 p_3 对国内销售价格 p_1 的最大比价为

$$\frac{p_1}{p_3} = 1-\beta$$

根据定义，价格的竞争力为比价的倒数，从而得出出口的价格 p_3 对国内销售价格 p_1 的最大竞争力为

$$\frac{p_3}{p_1} = \frac{1}{1-\beta}$$

因为 β 是可选择的最大下降幅度，并根据式（11.12），得出

$$\frac{p_3}{p_{s_1}} = (a_1a_2-1)\frac{p_3}{p_1} = \frac{(a_1a_2-1)}{1-\beta} \tag{11.14}$$

式（11.14）表明，在超量供给的价格 p_{s_1} 的支持下，出口的价格 p_3 对国内销售价格 p_1 的最大竞争力 $\frac{p_1}{p_3}=\frac{1}{1-\beta}$，最大可以扩大到 $\frac{(a_1a_2-1)}{1-\beta}$。能够看出，当 $a_1a_2=1$ 时，式（11.14）的值将为 0，并从式（11.13）可以得出 $\alpha_1=2-a_1a_2=1$。这意味着，超量供给的实

际价格与国内市场价格的差等于 0，由它所决定的出口价格的竞争力也降至 0。也就是不存在超量供给。但是，根据技术进步的定义，一般地总会有 a_1，$a_2>1$，因此，$a_1a_2\leqslant 1$ 的情况是可以忽略的。于是，在 $0\leqslant\beta<\alpha_1$ 时，式（11.14）是成立的，有效的。为保证其有效性，a_1，$a_2>1$ 是必需的，$0\leqslant\beta<1$ 是充分的。能够理解到，在式（11.14）充分有效的情况下，经济体通过调整出口价格，扩大出口竞争力，积极推销超量供给量，特别是积极推销超量剩余的要求，不仅必然地要产生出来，而且还有了最大可能性的保障。或者说，该经济体在存在着技术进步的情况下，任意选择出一个 β，满足 $0\leqslant\beta<\alpha_1$，以 β 作为国内农产品市场价格 p_1 可以下降的幅度，来降低出口价格，都是可行的，都是具有竞争力的，也就是说，仍然是有利可图的。

于是人们看到，只要存在着有效的技术进步，就存在超量供给的可能性，有了超量供给，就有了对外推销的自然保证。而在出现超量剩余的情况下，这种保证更将发挥作用，成为有关经济运动的关键。下面我们可以将分析的重点集中于市场准入的结构方面。

根据以上分析，可以设式（11.11）中的 s_1 为常量，并将该式的变化情况简化为

$$\hat{d}_{s_1}=-\left(\frac{\partial\pi}{\partial p_3}-\frac{\partial\pi}{\partial p_4}\right)\qquad(11.15)$$

式中，$\hat{d}_{s_1}$——必须出口的超量剩余。

根据上述分析结果知道，减少或消除超量剩余的可选择价格为

$$p_{s_1}=\frac{1-\beta}{\alpha_1}p_3\quad 0\leqslant\beta<1$$

假定按照国际市场统一规定，在双方贸易中，一方进行价格调

整，也应该允许对方进行相应的调整。设对方，即进口方按可选择的比率 γ 调整其出口价格。这样，在我们所考虑的经济这一方所形成的进口价格为

$$\frac{1-\gamma}{\alpha_2}p_4 \quad 0\leqslant\gamma<1$$

这里，α_2——进口方的国内销售价格对于超量供给实际价格的最大可下降幅度。

于是，式（11.2）变为

$$G=\pi(a_1p_1 \quad a_2p_2 \quad \frac{1-\beta}{\alpha_1}p_3 \quad \frac{1-\gamma}{\alpha_2}p_4;v)$$

得出：$\hat{d}_{s_1}=-\left(\frac{\partial\pi}{\partial p_3}\frac{1-\beta}{\alpha_1}-\frac{\partial\pi}{\partial p_4}\frac{1-\gamma}{\alpha_2}\right)$ （11.16）

根据前面的分析结果知道，要减少或消除超量剩余量 $\hat{d}_{s_1}$，必须有

$$\frac{\partial\pi}{\partial p_3}\frac{1-\beta}{\alpha_1}>\frac{\partial\pi}{\partial p_4}\frac{1-\gamma}{\alpha_2}$$

由此，鉴于市场准入的状态，可考虑两种初始情况：（1）净出口；（2）净进口。

（1）净出口，$\frac{\partial\pi}{\partial p_3}\geqslant\frac{\partial\pi}{\partial p_4}$，即有 $\left(\frac{\partial\pi}{\partial p_3}\right)/\left(\frac{\partial\pi}{\partial p_4}\right)\geqslant1$。要保证 $\frac{\partial\pi}{\partial p_3}\frac{1-\beta}{\alpha_1}>\frac{\partial\pi}{\partial p_4}\frac{1-\gamma}{\alpha_2}$，致使 $\left(\frac{\partial\pi}{\partial p_3}\right)/\left(\frac{\partial\pi}{\partial p_4}\right)>\left(\frac{1-\gamma}{\alpha_2}\right)/\left(\frac{1-\beta}{\alpha_1}\right)$。这样，至少有 $\left(\frac{1-\gamma}{\alpha_2}\right)/\left(\frac{1-\beta}{\alpha_1}\right)\leqslant1$，即

$$\frac{1-\gamma}{1-\beta}\leqslant\frac{\alpha_2}{\alpha_1}$$

令 $\alpha_1=2-a_1a_2$，$\alpha_2=2-\hat{a}_1\hat{a}_2$，那么，如果存在着 $a_1a_2\geqslant\hat{a}_1\hat{a}_2$，

那么，必有：

$$\frac{1-\gamma}{1-\beta}\leqslant 1<\frac{2-\hat{a}_1\hat{a}_2}{2-a_1a_2}$$

得到：$\gamma\leqslant\beta$

可以看出，如果本国确定了出口价格下降率β后，$0<\beta<\alpha_1$，那么，处于提供进口的贸易伙伴，如果处于$\alpha_2\geqslant\alpha_1$的地位，也就是出口方技术水平高于进口方，$a_1a_2\geqslant\hat{a}_1\hat{a}_2$，那么，进口方就会处于$\gamma\leqslant\beta$的境地，而且，$\gamma=\beta$会成为力求争得的最佳地位。同理，如果反过来，出口方技术水平低于进口方，即存在着$a_1a_2\leqslant\hat{a}_1\hat{a}_2$，那么，必有

$$\frac{2-\hat{a}_1\hat{a}_2}{2-a_1a_2}<1\leqslant\frac{1-\gamma}{1-\beta}$$

得到：$\gamma\geqslant\beta$

即如果本国处于$\alpha_1\geqslant\alpha_2$的地位，也就是$a_1a_2\leqslant\hat{a}_1\hat{a}_2$，本国就会处于$\gamma\geqslant\beta$的境地，而且，$\gamma=\beta$会成为力求争得的最佳地位。由此可以得出，在其余均不变的情况下，$\gamma=\beta$是双方力争的鞍点。

(2) 净进口，$\frac{\partial\pi}{\partial p_3}\leqslant\frac{\partial\pi}{\partial p_4}$，即有$\left(\frac{\partial\pi}{\partial p_4}\right)/\left(\frac{\partial\pi}{\partial p_3}\right)\geqslant 1$，要保证$\frac{\partial\pi}{\partial p_3}\frac{1-\beta}{\alpha_1}>\frac{\partial\pi}{\partial p_4}\frac{1-\gamma}{\alpha_2}$，致使$\left(\frac{1-\beta}{\alpha_1}\right)/\left(\frac{1-\gamma}{\alpha_2}\right)\geqslant 1>\left(\frac{\partial\pi}{\partial p_4}\right)/\left(\frac{\partial\pi}{\partial p_3}\right)$。这样，至少有$\left(\frac{1-\gamma}{\alpha_2}\right)/\left(\frac{1-\beta}{\alpha_1}\right)\geqslant 1$，即

$$\frac{1-\gamma}{1-\beta}\geqslant\frac{\alpha_2}{\alpha_1}$$

令$\alpha_1=2-\alpha_1\alpha_2$，$\alpha_2=2-\hat{\alpha}_1\hat{\alpha}_2$，那么，如果存在着$\alpha_1\alpha_2\geqslant\hat{\alpha}_1\hat{\alpha}_2$，那么，必有：

$$\frac{2-\hat{\alpha}_1\hat{\alpha}_2}{2-\alpha_1\alpha_2}<1\leqslant\frac{1-\gamma}{1-\beta}$$

得到：$\gamma\geqslant\beta$

可以看出，如果本国确定了出口价格下降率β后，$0<\beta<\alpha_1$，那么，处于提供进口的贸易伙伴，如果处于$\alpha_2\geqslant\alpha_1$的地位，也就是$\alpha_1\alpha_2\geqslant\hat{\alpha}_1\hat{\alpha}_2$，进口方就会处于$\gamma\geqslant\beta$的境地，而且，$\gamma=\beta$会成为其力求争得的最佳地位。同理，如果反过来，存在着$\alpha_1\alpha_2\leqslant\hat{\alpha}_1\hat{\alpha}_2$，那么，必有

$$\frac{1-\gamma}{1-\beta}\leqslant 1<\frac{2-\hat{a}_1\hat{a}_2}{2-a_1a_2}$$

得到：$\gamma\leqslant\beta$

即如果本国处于$\alpha_1\geqslant\alpha_2$的地位，也就是$\alpha_1\alpha_2\leqslant\hat{\alpha}_1\hat{\alpha}_2$，那么，也就会处于$\gamma\leqslant\beta$的境地，而且，$\gamma=\beta$会成为力求争得的最佳地位。由此可以得出，在其余条件均不变的情况下，$\gamma=\beta$是双方力争的鞍点。

这里的分析结果表明，本国是处于净出口的还是处于净进口的情况，在减少或消除超量剩余时，在国际贸易中的竞争地位是正好相反的；自身选择出口价格下降率β的主动性与被动性也正好是相反的。但无论如何，$\gamma=\beta$始终是地位不同的贸易双方所力争的鞍点。

但是，绝不能有$\beta>\alpha_1$和$\gamma>\alpha_2$，因为上述分析结果已经表明，如果有$\beta>\alpha_1$，必定意味着出口方正在以低于国内技术供给的价格进行推销，其结果是，根本改变了初始市场技术竞争的性质，破坏了市场运作的经济基础。同理，若出现了$\gamma>\alpha_2$，则是进口方在进行类似的推销，其结果同样如此。因而，当代农产品市场将$\beta>\alpha_1$和$\gamma>\alpha_2$定义为倾销。倾销是当代国际市场所不能允许的。这里，由各自技术水平所决定的农产品倾销指数α_1和α_2，也可以被称作是各自的“倾销阈值”。

11.4　讨论与结论

综合以上分析的结果，似乎可以认为，在工业化经济里，由于技术进步的存在，农产品的超量供给会经常存在，出现超量剩余的可能性增大，从而尽力向国际市场推销农产品的情况会更加平常。从市场准入的结构来看，对比净出口的经济，净进口的经济出现超量剩余的可能性应该小一些，但也不能完全排除。

当净出口的或者净进口的经济出现超量剩余时，均须通过增强国际贸易竞争力来推销。竞争力来源于农业生产的技术水平，技术水平决定着超量供给价格，它决定了农产品出口价格的最大可降低程度，也就是最大的竞争地位。出口价格若降低到了这个最大可降低程度以下，便是倾销，理应受到贸易对方和国际市场的制裁[9]。

由此可以看到，当出现超量剩余时，一般的推销做法应该是：在可以确定自己的倾销阈值，并能主动地确定自己出口价格下降率的情况下，应在不出现倾销的前提下，主动地提出有利于自己的下降率，并监视对方在进口价格上是否突破了它的倾销阈值。若有所突破，即应制止。而要增强出口价格的竞争力，却又难以主动确定自己的出口价格下降率时，一个最简捷的办法，就是在自己不出现倾销的前提下，监视进口价格的下降幅度，并力争与之相等。对于减少或消除超量剩余，这些必定是有效的，而不管造成这种剩余的市场准入的状况如何，即不管造成这种剩余的贸易状态是净出口的，还是净进口的。

综合全文所述，似乎可以得出以下 3 点主要结论：

1. 由于 G 函数可以在价格增长的形式上将技术水平陈述得更简

洁、更清晰，因此，运用以此为基础的框架，来分析农业超量供给问题，将更加直观、准确。G 函数可以把农业的国内外市场统一起来，可以得出一个更加统一的分析模型，就此，可以将有关超量供给的观察结果纳入一个逻辑更加严谨的初始结构，从而对其规律进行更加深入的探索。

2. 运用超量供给的概念，可以将国际贸易中的有关测度，诸如“竞争力”“竞争地位”和“市场准入”等精确化，并由此将这些精确后的测度与技术水平联系起来，致使有关研究可以深入到经济学探索的理论核心层次。

3. 借助技术水平与倾销阈值的内在联系，可以得出国际贸易中的有关精确的测度，例如由技术水平所确定的“竞争地位指数”，出口价格的“最大下降率指数”或“倾销阈值”等，可以将有关实践进一步地引向准确、实用。

参考文献

[1] 孙中才. 农业经济数理分析 [M]. 北京：中国农业出版社，2006：30-41.

[2] 中国商贸部. 关税与贸易总协定附件 9 [M] //WTO 乌拉圭回合多边贸易谈判结果法律文本. 北京：法律出版社，2000：479-480.

[3] 孙中才. 技术传递、价格传递与农产品超量供给 [J]. 汕头大学学报（人文社会科学版），2003（6）：19-26.

[4] 吴强. WTO 框架下农产品贸易争端研究 [M]. 北京：中国农业出版社，2004：18-20.

[5] 王彦. 欧美与我国反倾销冲突焦点与欧美反倾销法质疑 [J]. 财经问题研究，2004（8）：23-26.

[6] Harrigan，J. Technology，Factor Supplies，and International Specialization：Estimating the Neoclassical Model [J]. The American Economic Review，1997 (87)：475-494.

[7] 同参考文献 [1]，35.

[8] 尚明. 反倾销——WTO 规则及中外法律实践 [M]. 北京：法律出版社，2003：4-6.

[9] 范健. 欧洲共同体反倾销法评析 [M] //南京大学中德经济法研究所. 中德经济法研究年刊. 南京：南京大学出版社，1992：149-160.

第12章　农产品的市场准入与出口补贴

12.1　引　言

有约束的利润函数（以下称为 G 函数）发展成经济学理论的前沿范式以来，以贸易陈述为初始出发点的研究日益扩展开来[1][2]。直观地看，G 函数的初始结构主要是把市场和禀赋结合到了一起，给出了一个可以进一步陈述市场构成和资源禀赋结构的有力模型[3][4]。借助于它，更容易实现关于市场结构的分析，更容易描述有关生产、贸易和管理的机制，从而，更容易揭示有关规律。

农产品的进口与出口日益成为国际贸易的焦点之一，日益为国际贸易自由化所关注[5]。从贸易核算的角度来看，焦点的关键在于“净”，即在于各个经济体对自身的“净进口”和“净出口”所进行的调整和控制[6]。其中，净进口，通常被定义为“市场准入（market access)”的主体，尤其引起人们的注意，因为净进口问题已经占据了贸易协定原则的每一个中心舞台，而市场准入的重新平衡问题更日益成为总贸易谈判中的主要考虑[7][8]。相应地，因为出口是抵消市场准入的直接手段，是获得重新平衡的首要因素，因而，随着市场准入问题的日益突出，关于出口的考虑也变得越加重要。因而，现在所说的“市场准入”，一般是把净出口情况也定义在内的。然而，为便于阐述，本章所关注的市场准入仍仅仅限于净进口的情况。

就一个经济体本身而言，在国际贸易上的重新平衡，以及由此引起的在一般均衡上的重新平衡，是自身经济的重新分配（re-allocation），也就是结构的重新调整和因子的重新求解[9]。这些重新的调整和求解是经济条件变化的结果，对于科学探索来说，它们不过是对初始陈述模型内在逻辑的再一次解释。由此导致初始陈述成为得出这些结果的关键，也就是探索重新分配的关键。资料表明，G 函数既是这种初始陈述的理论基础，又可以是很便捷的表达模型[10]。

从 G 函数的结构来理解，贸易是一个经济体在不同市场上的运行，国际贸易是进口市场和出口市场与国内市场分化开来的表示，净进口和净出口是前两个市场综合核算的结果。国际贸易的平衡可以定义为，一般均衡实现时这些净进口和净出口的给定值。所谓重新平衡，可以理解为，经济运行中，从上一阶段结束时的状态出发，给出一般均衡所需要的净进口和净出口的规划值，并力求在本阶段里得以实现，从而使本经济体的国际贸易在服从一般均衡的需要情况下，达到了新的平衡。这样，这些净进口和净出口的规划值，便会作为一种事前设定的目标，出现在原有的经济运行模型里。不失一般性，这些规划值可以视为消费需求的数量约束条件，它们出现在 G 函数中，似乎可以理解为在自由市场中融入了新的受约束的消费[11]。由此可以看出，运用 G 函数来陈述有关规划的净进口和净出口的情况，就是在原本描述贸易情况的模型中，增添这二者的数量约束条件。而关于其作用的分析，在有效地得出这样的陈述之后，便可以展开了。

本章以一个农产品开放经济的结构为起点，在描述它的 G 函数模型中，给定净进口和净出口的数量约束，进而分析市场准入和出口补贴（或退税）的经济学原理，以及实现有关调节和控制的基本途径。

12.2 市场准入与出口补贴的形成

对于一个国民经济体来说，它的基本行为可以初始性地写为

$$\mathrm{Max}s = \boldsymbol{px} \tag{12.1}$$

s. t.

$$\boldsymbol{x} \in Y(\boldsymbol{v}) \tag{12.2}$$

$\boldsymbol{p}$，$\boldsymbol{x} \in R^I$，$\boldsymbol{v} \in R^J$

这里，s——国民收入总值；

$\boldsymbol{x}$——最终产品向量，$\boldsymbol{x}=(x_1, x_2, \cdots, x_I)$；

$\boldsymbol{p}$——最终产品的价格向量，$\boldsymbol{p}=(p_1, p_2, \cdots, p_I)$；

$Y(\boldsymbol{v})$——资源禀赋 $\boldsymbol{v}$ 的凸性生产可能性集合，其中，$\boldsymbol{v}=(v_1, v_2, \cdots, v_J)$。

当 $Y=\pi(\boldsymbol{p}; \boldsymbol{v})=\mathrm{GNP}(\boldsymbol{p}; \boldsymbol{v})$ 时，模型（12.1）－（2.2）的解将是 GNP 的最大值[12]。

据此，为全面地反映农产品贸易的情况，我们可以写出一个开放经济的国民收入模型如下：

$$\mathrm{GNP} = \pi(\boldsymbol{p};\boldsymbol{v}) = \pi(\boldsymbol{p}_h, \boldsymbol{p}_1, \boldsymbol{p}_2, \boldsymbol{p}_3; \boldsymbol{v})$$

式中，$\pi(\cdot)$——国民收入总值；

$\boldsymbol{p}$——市场价格向量，$\boldsymbol{p}=(\boldsymbol{p}_h, \boldsymbol{p}_1, \boldsymbol{p}_2, \boldsymbol{p}_3)$；

$\boldsymbol{v}$——资源禀赋向量，$\boldsymbol{v}=(v_1, v_2, \cdots, v_J)$；

$\boldsymbol{p}_h$——非农产品的国内销售价格向量，$\boldsymbol{p}_h=(p_{h_1}, p_{h_2}, \cdots, p_{h_H})$；

$\boldsymbol{p}_1$——农产品的国内销售价格向量，$\boldsymbol{p}_1=(p_{11}, p_{12}, \cdots, p_{1I})$；

$\boldsymbol{p}_2$——农产品的进口价格向量，$\boldsymbol{p}_2=(p_{21}, p_{22}, \cdots, p_{2I})$；

$\boldsymbol{p}_3$——农产品的出口供给价格向量，$\boldsymbol{p}_3=(p_{31}, p_{32}, \cdots, p_{3I})$。

这里有，$J\geqslant (H+3I)$，即资源禀赋的数目不少于价格体系里元素的总数目，并有 $p\gg 0_{H+3I}$ 和 $v\leqslant 0_J$，即所有的价格元素均为正的，资源的数量为非正的。为简单起见，设这里的 3 个农产品市场上所交易的产品种类是一致的，即都是 i 种，$i=1, 2, \cdots, I$。

根据 Hotelling 引理得出：

$$-x_{2i}=\frac{\partial \pi}{\partial p_{2i}}$$

$$x_{3i}=\frac{\partial \pi}{\partial p_{3i}}$$

这里，$-x_{2i}$——第 i 种农产品的进口量，被视为是国民收入的投入，其符号为"—"；

x_{3i}——第 i 种农产品的出口量，被视为是国民收入的产出，其符号为"+"，$i=1, 2, \cdots, I$。

令

$$M(v)=\{m \mid m=x_3-x_2 \quad x_3\in Y(\boldsymbol{v})\}$$

即有 $m_i=x_{3i}-x_{2i} \quad i=1, 2, \cdots, I$。

这里，若 $m_i<0$，即第 i 种农产品为净进口；若 $m_i=0$，即第 i 种农产品进出口相抵；$m_i>0$，即第 i 种农产品为净出口，$i=1, 2, \cdots, I$。

让

$$\boldsymbol{M}^*(\boldsymbol{M};\boldsymbol{v})=\{m^* \mid m^*(\boldsymbol{M};\boldsymbol{v}) \quad m^*\in Y(\boldsymbol{v})\}$$

$\boldsymbol{M}^*$ 为一个规划的数量向量，它是在已经得知国际贸易中农产品净进口和净出口的情况下，根据自身资源禀赋所允许的条件规划出来的。它是为实现经济一般均衡的一个局部目标集合，是与资源禀赋无矛盾的约束条件。

于是，可以得出重新平衡的GNP模型为

$$\mathrm{GNP}=\pi(\boldsymbol{p},\boldsymbol{v};\boldsymbol{M}^{*})=\pi(\boldsymbol{p}_h,\boldsymbol{p}_1,\boldsymbol{p}_2,\boldsymbol{p}_3,\boldsymbol{v};\boldsymbol{M}^{*}) \tag{12.3}$$

进而得出：

$$\mu_i=\frac{\partial\pi}{\partial m_i{}^{*}}\quad i=1,2,\cdots,I \tag{12.4}$$

这里，μ_i——第 i 种农产品净进口或净出口对国民收入的内部报酬率，即净支出率或净利润率。

μ_i 的符号遵从关于进口和出口的规定，即若为净进口的净支出率，其符号为“－”；若为净出口的净利润率，其符号为“＋”。依据 G 函数的定义可以知道，这些 μ_i(i=1，2，…，I）是满足给定的农产品净进口和净出口的数量约束，GNP达到最大时，这些约束的一单位变化给国民收入带来的内部净支出或净利润，是达到市面利润时，给定约束条件所具有的最佳内部报酬率，即影子净支出率或影子净利润率，可以统称为“影子报酬”。换到另一个角度来看，“影子报酬”也就是为使GNP达到最大，整个经济对这些约束的一单位变化应做出的最适当的内部补偿。根据有效约束的定义得知，它们的值是以0为极限的，即 $\mu_i\leqslant0$，当其为影子净支出率时；或 $\mu_i\geqslant0$，当其为影子净利润率时。约束条件与最佳的内部报酬是一种对应，给定了约束条件值，便可求出最佳的内部报酬值，反之，得知了最佳的内部报酬值，也可求得约束条件值。

现实经验表明，作为最佳内部报酬，影子净支出率通常呈现为两种基本形式：一种是关于净进口的关税；另一种是消费税。影子净利润率，也有两种基本形式：一种是出口补贴（或出口退税）；另一种是生产补贴[①]。从式（12.3）和式（12.4）中可以看出，净进口和净出口的数量约束给定之后，这些税收和补贴的值是可以确定的，反之，若其他条件不变，从税收和补贴的变化，可以推导出相应的数量约束值。

由此可以认为，在国家级水平上出现的净进口和净出口的变化，如配额或限量，税收或补贴，甚至技术壁垒或贸易争端等，都客观地与国民经济收入的最大化运行规律直接相关联，而且也不同程度地反映出了这些联系的某些数值特征。影子净支出率和影子净利润率支配着国家在边界上采取利己的行动。最佳的内部报酬决定着市场准入和出口补贴的数量和举措。

另外，由式（12.3）还可以得出其 Hessian 矩阵的一部分：

$$\pi_{m^*v} = \nabla^2{}_{m^*v} = \frac{\partial^2\pi}{\partial m_i{}^* \partial v_k} \quad i = 1,2,\cdots I; k = 1,2,\cdots,H+3I \tag{12.5}$$

进而解得：

$$v_k = f(\pi_{m^*v}; \boldsymbol{M}^*) \quad k = 1,2,\cdots,H+3I \tag{12.6}$$

由此可以认为，在实际的平衡规划中，根据需要，随着规划数据 $\boldsymbol{M}^*$ 的给定，式（12.3）中的 $\boldsymbol{v}$ 可以给予一定的有效变动。这也就是说，国际贸易的净进口和净出口，会因为实际存在的替代作用，导致资源的固定投入量内在地发生变化，给定净进口和净出口的数

① 当然也还有这些形式的各种混合。虽然其内容繁杂，却也不过都是这些形式的组合而已。

量，资源的固定投入量的约束性实际上在稍稍变化。

12.3 公司级的利润补贴函数

可以设想，在国家级水平上形成的市场准入的影子净支出率和影子净利润率，要直接转让给外贸公司，由这些公司的相应决策结果，导致净进口和净出口数量的变化，才可能最终达到国民收入重新平衡的目的。为了实现国家对整体经济和社会福利的义务，这种转让要通过一个转让机制来完成，也就是通过一个转让函数来完成。对于这个转让函数的结构和性质，我们将在后面讨论。现在先转向公司级补贴利润函数：

$$S_j = S_j(\boldsymbol{\lambda}, \pi_j; M_j^*) \quad j = 1,2,\cdots,J \tag{12.7}$$

式中，S_j——第 j 个外贸公司的补贴利润；

$\boldsymbol{\lambda}$——净进口和净出口的利润补贴率（/单价）向量；$\boldsymbol{\lambda}=\{\boldsymbol{\lambda} \mid \lambda_i =\lambda_i(\mu, U(m; v); v)\}$，其中，$U(m; v)$ 为福利函数；

π_j——第 j 个外贸公司的利润；

M_j^*——国家分配给第 j 个外贸公司的净进口和净出口量的指导性参照指标，$M_j^*=[m_{ij}^*]$　$i=1, 2, \cdots, I$；$j=1, 2, \cdots, J$。

由式（12.7），根据 Hotelling 引理得出：

$$m_{ij} = \frac{\partial S_j}{\partial \lambda_i} \quad i = 1,2,\cdots,I; j = 1,2,\cdots,J \tag{12.8}$$

式（12.8）是第 j 个外贸公司，在国家指导约束下，实施农产品净进口和净出口的最佳数量。是净进口量时，m_{ij} 的符号为“－”；是净出口时，为“＋”。另外，由式（12.7）还可以得出：

$$\lambda_{ij}{}^* = \frac{\partial S_j}{\partial m_{ij}{}^*} \quad i = 1,2,\cdots,I;j = 1,2,\cdots,J \qquad (12.9)$$

式（12.9）所示出的是，第 i 种农产品净进口或净出口约束在第 j 个外贸公司里的内部报酬率，即公司级的影子净支出率或者影子净利润率。一般地讲，即使在国家给定的补贴利润率相同，甚至给定的净进口和净出口指导目标值也相同时，即获得的总补贴量相等时，由于各个外贸公司自身的利润状况不同，或者说自身具有的效率（或特定的约束条件）不同，这些影子值在各个公司之间也会是不尽相同的。

根据对偶理论，人们在第 j 个外贸公司里可以看到，若

$$\lambda_{ij}{}^* \geqslant \lambda_i\text{，那么必定有 } m_{ij} \leqslant m_{ij}{}^*\text{，}$$

反之，若

$\lambda_{ij}{}^* \leqslant \lambda_i$，那么必定有 $m_{ij} \geqslant m_{ij}{}^*$，$i=1$，2，…，$I$；$j=1$，2，…，$J$。

这意味着，在点（λ_i，$m_{ij}{}^*$）上，具有 $\lambda_{ij}{}^* \geqslant \lambda_i$ 的公司，即内部净支出率和内部净利润率均高于国家补贴率的公司，将把国家给定的指导约束数量视为上限，倾向于既尽量减少净进口量，也尽量减少净出口量。也就是说，在这样的公司里，国家给定的约束数量将成为强制达到的目标，会被消极地对待，有机会懈怠就懈怠。而具有 $\lambda_{ij}{}^* \leqslant \lambda_i$ 的公司，即内部净支出率和内部净利润率均低于国家补贴率的公司，将把国家给定的指导约束数量视为下限，倾向于既尽量增加净进口量，也尽量增加净出口量。国家给定的约束数量，会被这样的公司作为继续赢利的基础，毫不懈怠，积极完成，并倾向于额外多进口和多出口。

在点（λ_i，$m_{ij}{}^*$）上，是具有 $\lambda_{ij}{}^* \geqslant \lambda_i$，还是具有 $\lambda_{ij}{}^* \leqslant \lambda_i$，是由公司的实际经营能力决定的，也就是公司之间效率不同的体现。前者为低效的，后者为高效的。在 $m_{ij}{}^*$ 给定之后，λ_i 的高低将直接导致 $m_{ij}{}^*$ 被贯彻的可能后果。若 λ_i 较低，$\lambda_{ij}{}^* \geqslant \lambda_i$ 容易发生，导致低效性公司的行为容易奏效，即消极地对待国家给定的约束量目标，没有达到经济平衡目标的可能性较大；反之，若 λ_i 较高，$\lambda_{ij}{}^* \leqslant \lambda_i$ 容易发生，导致高效性公司的行为容易发生，即积极地对待国家给定的约束量目标，超过了经济平衡的目标，偏离新的平衡需要的可能性加大。

容易理解，（λ_i，$m_{ij}{}^*$）是在国家水平上形成的市场准入和出口补贴 μ_i，然后转让到对外贸易公司的。在其转让过程中，会融入在新的经济平衡里。国家所作的多方面考虑，其中，因为涉及再分配，社会福利方面的考虑会被突出出来，并且，已经有迹象表明，在国际贸易再平衡的考虑中，社会福利正在被作为一个很综合的变量来对待[13][14]。

设对于任何的 $m \in M(v)$，其中，$m_i <(/>)\ 0$，即存在一个严格负的（或正的）关于农产品 i 的净进口和净出口，有一个贸易福利函数：

$$U(m;v) = \max_{x_2,x_3}\{u(m), m = x_3 - x_2 \quad m \geqslant 0, x_3 \in Y(v)\} \tag{12.10}$$

$U(m;\ v)$ 是一个连续的实值函数，在（m；v）上是联合地拟凹的，在 m 和 v 上分别是非减的，若 $m' \geqslant m$，那么 $U(m';\ v) \geqslant U(m;\ v)$；并且，若 $v' \geqslant v$，则 $U(m';\ v) \geqslant U(m;\ v)$。

还存在一个关于第 i 种农产品的对外贸易利润补贴函数：

$$\lambda_i(\mu_i, p_2, p_3, U(m;v), v; M^*) \quad i = 1,2,\cdots,I \qquad (12.11)$$

λ_i 也是一个连续的实值函数，对其中所有因子是联合地拟凹的，并在所有的因子上，包括 M^* 在内，均为非减的。

根据式（12.11）和式（12.10）的性质，结合上述关于公司效率对完成国家制定约束的分析能够看出，效率不同的公司对整体经济达到新的平衡，不仅作用不同，而且，即使都给新的平衡带来了不平衡的因素，而其对社会福利的影响仍然是不同的。

12.4　讨论与结论

本章在以上内容里，给出了农产品的市场准入和出口补贴的经济学定义，并以有约束的利润函数——G 函数给予了具体的陈述。陈述的内容，实际上划分为两个层次：一个是国家水平上的定义，及其可操作的贯彻模型；另一个是对外贸易公司水平上的利润补贴模型。前者包括了关于净进口和净出口决策方面的一般性考虑；后者描述了这个一般性考虑最终可能得以实现的机制和保证。

由式（12.3）和式（12.4）的结构可以认为，从外界观察的角度来看，模型中的其他变量可能都是可以直接观察到的，但经济当事国为保证重新平衡而确定的外贸调整和控制值向量 $\boldsymbol{M}^*$ 是不能直接观察到的，因而，由其决定的内部报酬率，即影子净支出率和影子净利润率 μ_i（i=1，2，…，I），更是不能直接观察到的[15]。而在现实经济生活中，这些数值在当事人那里也未必都是明了的，对其内在的经济意义可能更缺乏了解。但运动规律仍在以某些现象和迹象透露出有关它的信息。国家摸索着确定有关税收和补贴，正是这些现象和迹象的体现。从规律的陈述入手，进而对有关现象和迹象进行归纳，已经成为近年来有关研究的主体。

就农产品的外贸而言，市场准入和出口补贴的内在作用，最终要通过边境上的机构——对外贸易公司来贯彻。这些外贸公司的举动最终决定着这些内在作用的实现程度，以及留下的潜在问题。为获得新的经济平衡，为贯彻市场准入和出口补贴的内在机制，国家通常给这些公司下达指导性约束量指标，并公布有关的补贴率。

由于公司之间在实际运行效率上是不同的，在同样的补贴率面前，反应不同，运行结果不同，对整体经济的实际影响后果也不同。根据式（12.8）和式（3.3）的结果所进行的上述分析结果表明，对于这些指导性约束指标和给定的补贴率，运行效率低的公司会把它们视为追求利润补贴最大化的上限约束，倾向于低于这些约束的运行，在非强行约束的情况下，不能达到新平衡所要求的最低限度。而根据式（12.10）和式（12.11）的性质可以看出，这种懈怠，也将导致关于社会福利的预想目标难以达到。而对于给定的补贴率，运行效率高的公司会把这些指导性约束指标视为追求利润补贴最大化的下限约束，倾向于高于这些约束的运行，即在非强行约束的情况下，通常会超过新平衡所要的最低要求，可能给新平衡带来新的不平衡因素。然而，根据式（12.10）和式（12.11）的性质可以看出，这种不平衡因素却会带来社会福利的增长。由此可以认为，国家级确定调整和控制机制的过程中，以及在设定有关转让模型的过程中，似乎应考虑到经济平衡与社会福利的主次地位。

另外，从补贴率的角度来看，补贴率较低，容易导致效率低的公司数目增多，效率高的公司数目减少；补贴率较高，容易导致效率高的公司数目增多，效率低的公司数目减少。从而导致，在市场准入和出口补贴的实际贯彻中，如同上述分析过的，会出现不同的倾向性。

这些都是就补贴而言的。其实，在实际经济生活中，要实行对净进口和净出口数量的调整和控制，还会采取税收和/或税收与补贴（或退税）并用的手段。容易理解，如果对净进口和净出口都采用税收，那么，结论与采用全补贴的情况正相反，效率低的公司将获得鼓励，积极减少净进口，也积极减少净出口；而效率高的公司则都消极对待。若采用税收与补贴混合的形式，即通常要减少净进口，但不希望压制净出口。于是，便对净进口收税，而对净出口补贴。在这种情况下，效率低的公司将对压制净进口积极，对净出口消极；而效率高的公司则相反，对净进口消极，对净出口积极。

综合上述，可以看出，实行全部补贴，有利于高效率公司的运行，也有利于国际贸易的活跃；实行全部税收，有利于低效率公司的运作；实行净进口收税，经出口补贴（或退税），有利于低效率公司对压制净进口的运作，而有利于高效率公司对鼓励净出口的运行。

对于福利的作用，则要视制定这些税收和补贴时所选定的转让函数而定。转让函数的性质和具体结构不同，其内涵的福利程度也不同。

参考文献

［1］Harrigan，J. Technology，Factor Supplies，and International Specialization：Estimating the Neoclassical Model ［J］. The American Economic Review，1997（87）：475-494.

[2] Gopinath M., Kennedy L.. Agricultural Trade and Productivity Growth: A State-level Analysis [J]. American Journal of Agricultural Economics, 2000, 82 (5): 1213-1218.

[3] Lau, L., Yotopoulos, P.. Profit, Supply and Factor Demand Functions [J],. American Journal of Agricultural Economics, 1972: 142-174.

[4] 孙中才. G函数与经济学的新进展 [J]. 汕头大学学报（人文社会科学版），2006（6）：20-24.

[5] 孙中才. 国际贸易与农业增长 [J]. 汕头大学学报（人文社会科学版），2003（4）：7-14.

[6] Nancy H. Chau, Rolf Faere. Shadow Pricing Market Access: A Trade Benefit Function Approach [J]. ZEF Discussion Paper on Development Policy, 2008 (121): 3-5.

[7] Anderson, K. Peculiarities of Retaliation in WTO Dispute Settlement [J]. World Trade Review, 2002 (1): 123-134.

[8] Bagwell, K. and R. Staiger. An Economic Theory of the GATT [J]. American Economic Review, 1999 (89): 215-248.

[9] Bresnahan, T. F.. Empirical studies of industries with market power [M] // Schmalensee, R. D. Willig (eds.). Handbook of Industrial Organization. Amsterdam: North- Holland, 1989: 27-28.

[10] Kohli, U.. A Gross National Production Function and the Derived Demand for Imports and Supply of Exports [J]. Canadian Journal of Economics, 1978: 167-182.

[11] McFadden, D.. Free Market and Fettered Consumers [J]. Presidential Address Delivered at the One Hundred Seventeenth Meeting of the American

Economic Association [J]. January 7，2006，Boston，MA.，5-29.

[12] 孙中才. 第 9 讲：G 函数与国民经济分析 [M] //农业经济学讲义（硕士研究生试用）. 北京：中国人民大学农业经济系，2006：73.

[13] Chipman，J.. The Theory and Applications of Trade Utility Functions [M] // J. R. Green，J. A. Scheinkman（eds.）. General Equilibrium，Growth and Trade：Essays in Honor of Lionel McKenzie，New York：Academic Press，1970：277-296.

[14] Woodland，A.. Direct and Indirect Trade Utility Functions [J]. Review of Economic Studies，1980，47（5）：907-926.

[15] 同参考文献 [6]，13.

第 13 章　农业技术引进与经济技术互动

13.1　引　言

技术效率是经济学研究的主线与核心[1]。在自由市场自行调节的条件下，技术变化的规律是经济学探索的基本目标。其中，技术变化本身，以及这种变化所带来的组合变化、交叉效应等，成了经济学最为关注的焦点。

随着经济工业化的进展，农业丧失了过去在农业社会中的经济主导地位，并逐步地成为工业部门的附属，而后又成了包括工业在内的其他非农业部门的附属[2]。由此导致，要对农业技术的经济作用做出较为充分的分析，必须在能够体现农业附属性或者可作并列比较的模型里进行。于是，诞生了两部门分析法[3]。资料表明，在以生产函数和经营函数（可以统称为 F 函数）为基本范式的科学探索中，关于技术进步规律的分析和探索，两部门分析法发挥了重要的作用，取得了众多的成果，促使有关研究进展到了相当深入的地步[4][5]。然而，由于这些范式在一般数学性质上，仅适用于描述单点与单点的对应或者多点对单点的对应，还不能对两部门分析所需要的空间状况做出更直接和更完整的描绘，因而由此所得出的初始模型，在陈述经济体的结构方面还有不足，尚不能做到直观、明确和严谨。

作为经济学理论的最新综合，有约束的利润函数（以下称 G 函数）可直接描述多点对应多点的空间结构，从而使有关两部门的陈述变得简单、直观，也明确、严谨了[6]。而由此所得出的分析结果，也更加明确、准确了。据此所做出的数理分析更加简单、明了。更重要的是，这些结果往往在更加精确的意义上，给出有关的定义，揭示了有关规律的细节，增加了某些新的科学知识[7]。

能够看到，对于农业技术效率的研究已经有了较为久远的历史，也取得了较为深入的研究成果。但是，也正如大量资料所显示的那样，由于范式所限，这些结果的相当部分在严谨性和明确性上尚存在不足。而那些用自然语言所做出的推想和描述，在准确性和精确性上，更有提高和充实的余地。

本章运用 G 函数的理论框架，构建了一个农业与非农业两个部门的生产结构，融入了这两个部门各自的技术进口市场，从而得到了一个关于两部门现在所运用的技术与进口技术相耦合的经济初始陈述模型。从这个模型出发，通过经济学对 Jacobi 向量和 Hessian 矩阵所给予的定义，聚焦于关于因子交叉效应的解释，从中识别出技术交叉效应的内容，精确地得出了技术互动的定义，从而进一步明确了关于技术引进与技术互动的概念。

13.2　技术运用与技术进口

设所考虑的技术引进与技术运用的情况均在经济体的一般结构上，即在宏观水平上。并设想，该经济体的内部生产结构可以简单地划分为两个部门：农业与非农业，它们的生产技术状况可以用现行的形式表示出来，同时，它们还各自有自己独立的技术引进机制。

于是，在G函数的框架下，可以写出其GNP模型为：

$$\mathrm{GNP}(a_1p_1,a_2p_2,p_{1I},p_{2I};v)=\pi(a_1p_1,a_2p_2,p_{1I},p_{2I};v) \tag{13.1}$$

式中，a_1——农业部门的生产技术，即农业现在所运用的技术，变量；

p_1——农产品价格；

a_2——非农部门的生产技术，即非农业现在所运用的技术，变量；

p_2——非农产品的价格；

p_{1I}——农业技术进口的价格；

p_{2I}——非农业技术进口的价格；

$\boldsymbol{v}$——资源禀赋向量，$\boldsymbol{v}=[v_1, v_2, \cdots, v_J]$，$4\leqslant J$。

在式（13.1）中，把技术变量直接写为价格的系数形式，是因为具体产业的技术变化能够以同样方法化为具体产业的价格增长模型[8]。

式（13.1）的Jacobi向量为：

$$\left[\frac{\partial\pi}{\partial a_1}p_1+\frac{\partial\pi}{\partial p_1}a_1,\frac{\partial\pi}{\partial a_2}p_2+\frac{\partial\pi}{\partial p_2}a_2,-\frac{\partial\pi}{\partial p_{1I}},-\frac{\partial\pi}{\partial p_{2I}},-\frac{\partial\pi}{\partial v_j}\right] \tag{13.2}$$

根据Hotelling引理，在（13.2）的元素中，除$-\frac{\partial\pi}{\partial v_j}$，$j=1, 2, \cdots, J$，为固定数量的影子利润之外，其余的均为数量。其中，直接表示技术量的是$\frac{\partial\pi}{\partial a_1}$，$\frac{\partial\pi}{\partial a_2}$，$-\frac{\partial\pi}{\partial p_{1I}}$和$-\frac{\partial\pi}{\partial p_{2I}}$。$\frac{\partial\pi}{\partial a_1}$和$\frac{\partial\pi}{\partial a_2}$分别表示现在所运用的农业技术和非农业技术在微元水平上对可变利润的作用，可以理解为是现在所运用的技术能力，即现行技术的质

量。$-\frac{\partial \pi}{\partial p_{1I}}$和$-\frac{\partial \pi}{\partial p_{2I}}$分别为农业与非农业进口的技术的数量。为清楚起见，完全可以写为 $a_{1I}=-\frac{\partial \pi}{\partial p_{1I}}$和 $a_{2I}=-\frac{\partial \pi}{\partial p_{2I}}$，即 a_{1I} 为农业进口技术；a_{2I} 为非农业进口技术。因为对应于 π 而言，进口数量和固定数量是投入，所以其符号为“－”；农业产品和非农业产品是产出，所以$\frac{\partial \pi}{\partial a_1}$和$\frac{\partial \pi}{\partial a_2}$的符号为“＋”[9]。

由式（13.2），可以得出它的 Hessian 矩阵：

$$
\begin{bmatrix}
\frac{\partial^2 \pi}{\partial {a_1}^2}p_1+\frac{\partial \pi}{\partial a_1}\frac{\partial p_1}{\partial a_1}+\frac{\partial^2 \pi}{\partial p_1 \partial a_1}a_1+\frac{\partial \pi}{\partial p_1},\frac{\partial^2 \pi}{\partial a_2 \partial a_1}p_2+ \\
\frac{\partial \pi}{\partial a_2}\frac{\partial p_2}{\partial a_1}+\frac{\partial^2 \pi}{\partial p_2 \partial a_1}a_2+\frac{\partial \pi}{\partial p_2}\frac{\partial a_2}{\partial a_1},-\frac{\partial^2 \pi}{\partial p_{1I} \partial a_1}, \\
-\frac{\partial^2 \pi}{\partial p_{2I} \partial a_1},-\frac{\partial^2 \pi}{\partial v_j \partial a_1} \\
\frac{\partial^2 \pi}{\partial p_1 \partial a_1}p_1+\frac{\partial \pi}{\partial a_1}+\frac{\partial^2 \pi}{\partial {p_1}^2}a_1+\frac{\partial \pi}{\partial p_1}\frac{\partial a_1}{\partial p_1},\frac{\partial^2 \pi}{\partial p_1 \partial a_2}p_2+ \\
\frac{\partial \pi}{\partial a_2}\frac{\partial p_2}{\partial p_1}+\frac{\partial^2 \pi}{\partial p_2 \partial p_1}a_2+\frac{\partial \pi}{\partial p_2}\frac{\partial a_2}{\partial p_1},-\frac{\partial^2 \pi}{\partial p_{1I} \partial p_1}, \\
-\frac{\partial^2 \pi}{\partial p_{2I} \partial p_1},-\frac{\partial^2 \pi}{\partial v_j \partial p_1} \\
\frac{\partial^2 \pi}{\partial a_1 \partial a_2}p_1+\frac{\partial \pi}{\partial a_1}\frac{\partial p_1}{\partial a_2}+\frac{\partial^2 \pi}{\partial p_1 \partial a_2}a_1+\frac{\partial \pi}{\partial p_1}\frac{\partial a_1}{\partial a_2}, \\
\frac{\partial^2 \pi}{\partial {a_2}^2}p_2+\frac{\partial \pi}{\partial a_2}\frac{\partial p_2}{\partial a_2}+\frac{\partial^2 \pi}{\partial p_2 \partial a_2}a_2+\frac{\partial \pi}{\partial p_2},-\frac{\partial^2 \pi}{\partial p_{1I} \partial a_2}, \\
-\frac{\partial^2 \pi}{\partial p_{2I} \partial a_2},-\frac{\partial \pi}{\partial v_j \partial a_2}
\end{bmatrix}
$$

$$
\left[
\begin{array}{l}
\frac{\partial^{2}\pi}{\partial a_{1}\,\partial p_{2}}p_{1}+\frac{\partial \pi}{\partial a_{1}}\,\frac{\partial p_{1}}{\partial p_{2}}+\frac{\partial^{2}\pi}{\partial p_{1}\,\partial p_{2}}a_{1}+\frac{\partial \pi}{\partial p_{1}}\,\frac{\partial a_{1}}{\partial p_{2}},\\
\frac{\partial^{2}\pi}{\partial a_{2}\,\partial p_{2}}p_{2}+\frac{\partial \pi}{\partial a_{2}}+\frac{\partial^{2}\pi}{\partial {p_{2}}^{2}}a_{2}+\frac{\partial \pi}{\partial p_{2}}\,\frac{\partial a_{2}}{\partial p_{2}}a_{2},-\frac{\partial \pi}{\partial p_{1I}\,\partial p_{2}},\\
-\frac{\partial \pi}{\partial p_{2I}\,\partial p_{2}},-\frac{\partial \pi}{\partial v_{j}\,\partial p_{2}}\\
\frac{\partial^{2}\pi}{\partial a_{1}\,\partial p_{1I}}p_{1}+\frac{\partial \pi}{\partial a_{1}}\,\frac{\partial p_{1}}{\partial p_{1I}}+\frac{\partial^{2}\pi}{\partial p_{1}\,\partial p_{1I}}a_{1}+\frac{\partial \pi}{\partial p_{1}}\,\frac{\partial a_{1}}{\partial p_{1I}},\\
\frac{\partial^{2}\pi}{\partial a_{2}\,\partial p_{1I}}p_{2}+\frac{\partial \pi}{\partial a_{2}}\,\frac{\partial p_{2}}{\partial p_{1I}}+\frac{\partial^{2}\pi}{\partial p_{2}\,\partial p_{1I}}a_{2}+\frac{\partial \pi}{\partial p_{2}}\,\frac{\partial a_{2}}{\partial p_{1I}},\\
-\frac{\partial^{2}\pi}{\partial {p_{1I}}^{2}},-\frac{\partial \pi}{\partial p_{2I}\,\partial p_{1I}},-\frac{\partial \pi}{\partial v_{j}\,\partial p_{1I}}\\
\frac{\partial^{2}\pi}{\partial a_{1}\,\partial p_{2I}}p_{1}+\frac{\partial \pi}{\partial a_{1}}\,\frac{\partial p_{1}}{\partial p_{2I}}+\frac{\partial^{2}\pi}{\partial p_{1}\,\partial p_{2I}}a_{1}+\frac{\partial \pi}{\partial p_{1}}\,\frac{\partial a_{1}}{\partial p_{2I}},\\
\frac{\partial^{2}\pi}{\partial a_{2}\,\partial p_{2I}}p_{2}+\frac{\partial \pi}{\partial a_{2}}\,\frac{\partial p_{2}}{\partial p_{2I}}+\frac{\partial \pi}{\partial p_{2}\,\partial p_{2I}}a_{2}+\frac{\partial \pi}{\partial p_{2}}\,\frac{\partial a_{2}}{\partial p_{2I}},\\
-\frac{\partial^{2}\pi}{\partial p_{1I}\,\partial p_{2I}},-\frac{\partial^{2}\pi}{\partial {p_{2I}}^{2}},-\frac{\partial \pi}{\partial v_{j}\,\partial p_{2I}}\\
\frac{\partial^{2}\pi}{\partial a_{1}\,\partial v_{j}}p_{1}+\frac{\partial \pi}{\partial a_{1}}\,\frac{\partial p_{1}}{\partial v_{j}}+\frac{\partial^{2}\pi}{\partial p_{1}\,\partial v_{j}}a_{1}+\frac{\partial \pi}{\partial p_{1}}\,\frac{\partial a_{1}}{\partial v_{j}},\\
\frac{\partial \pi}{\partial a_{2}\,\partial v_{j}}p_{2}+\frac{\partial \pi}{\partial a_{2}}\,\frac{\partial p_{2}}{\partial v_{j}}+\frac{\partial^{2}\pi}{\partial p_{2}\,\partial v_{j}}a_{2}+\frac{\partial \pi}{\partial p_{2}}\,\frac{\partial a_{2}}{\partial v_{j}},\\
-\frac{\partial^{2}\pi}{\partial p_{1I}\,\partial v_{j}},-\frac{\partial^{2}\pi}{\partial p_{2I}\,\partial v_{j}},-\frac{\partial^{2}\pi}{\partial {v_{j}}^{2}}
\end{array}
\right]
\tag{13.3}
$$

式（13.3）所表示的是式（13.1）里已经定义的各个因子之间的交叉效应，即农业和非农业部门现在所运用的技术 a_1，a_2，和这两个产业的产品价格 p_1，p_2，以及这两个部门各自进口技术的价格

p_{1I}，p_{2I}，和固定投入的元素 v_j($j=1, 2, \cdots, J$) 中，任意两两因子之间的影响作用。根据式（13.2）所表明的意义，能够认为，其中所谓的技术互动，就是包括自身对自身能力的作用在内的各个技术之间的数量影响，也就是任意两个技术之间的交互作用。

其中，

$$\frac{\partial^2 \pi}{\partial {a_1}^2} = \frac{\partial \left(\frac{\partial \pi}{\partial a_1}\right)}{\partial a_1} \tag{13.4}$$

式（13.4）表示农业现在所运用的技术 a_1 对自身效果$\frac{\partial \pi}{\partial a_1}$的作用，是技术变动给自身效果带来的影响。从技术交叉效应或者从技术互动的角度来看，这是技术变动反过来影响自身能力的效应，所以，可以称为农业技术的反身效应。

$$\frac{\partial^2 \pi}{\partial a_2 \partial a_1} = \frac{\partial \left(\frac{\partial \pi}{\partial a_2}\right)}{\partial a_1} \tag{13.5}$$

式（13.5）表示农业现在所运用的技术 a_1 对非农业现在所运用的技术的能力$\frac{\partial \pi}{\partial a_2}$的效应；

$$-\frac{\partial^2 \pi}{\partial p_{1I} \partial a_1} = -\frac{\partial \left(\frac{\partial \pi}{\partial p_{1I}}\right)}{\partial a_1} \tag{13.6}$$

式（13.6）表示农业现在所运用的技术 a_1 对进口的农业技术数量$-\frac{\partial \pi}{\partial p_{1I}}$的效应；

$$-\frac{\partial^2 \pi}{\partial p_{2I} \partial a_1} = -\frac{\partial \left(\frac{\partial \pi}{\partial p_{2I}}\right)}{\partial a_1} \tag{13.7}$$

式（13.7）则是农业现在所运用的技术 a_1 对进口的非农业技术数量 $-\frac{\partial \pi}{\partial p_{2I}}$ 的效应。

$$\frac{\partial^2 \pi}{\partial a_2{}^2}=\frac{\partial\left(\frac{\partial \pi}{\partial a_2}\right)}{\partial a_2} \tag{13.8}$$

式（13.8）为非农业部门现在所运用的技术 a_2 的反身效应。

$$-\frac{\partial^2 \pi}{\partial p_{1I}\,\partial a_2}=-\frac{\partial\left(\frac{\partial \pi}{\partial p_{1I}}\right)}{\partial a_2} \tag{13.9}$$

式（13.9）表示非农业现在所运用的技术 a_2 对进口的农业技术数量 $-\frac{\partial \pi}{\partial p_{1I}}$ 的效应。

$$-\frac{\partial^2 \pi}{\partial p_{2I}\,\partial a_2}=-\frac{\partial\left(\frac{\partial \pi}{\partial p_{2I}}\right)}{\partial a_2} \tag{13.10}$$

式（13.10）则是非农业现在所运用的技术 a_2 对进口的非农业技术数量 $-\frac{\partial \pi}{\partial p_{2I}}$ 的效应。

容易理解，对于由式（13.1）所陈述的经济结构，式（13.4）～式（13.7）揭示了农业现在所运用的技术每变动一个微量给自己的能力和给其他技术数量所带来的影响，也就是技术之间的效应。其中有：自身的反身效应，即式（13.4）；与非农业现在所运用的技术之间的交叉互动，即式（13.5）；与进口的农业技术和进口的非农业技术之间的交叉互动，即式（13.6）和式（13.7）。

式（13.8）是非农业部门现在所运用的技术所具有的自身的反身效应，式（13.9）和式（13.10）则揭示了非农业部门的技术变动与农业进口技术和非农业进口技术之间的互动。

似乎也可以认为，从式（13.1）的模型出发，式（13.4）～式（13.10）给出了所考虑的农业与非农业这两个部门，在技术上互动的定义和测度。对于特定的经济体而言，就此展开有关数据试验和实验，可以进一步明确这些定义和测度的特定含义，也可以得出更精确化的有关知识。

13.3　讨论与结论

式（13.4）～式（13.10）所给出的定义，在具体的数值试验中，便可以成为具体的测度和指标，用于衡量和比对所关注经济的有关效率。对于同一个经济来说，这些指标可以明确地表示出，该经济内农业与非农业这两个部门，在技术互动效率上的不同情况。而由此似乎可以透发出一些有关的信息，指示了这些部门在技术反应、技术融合、技术传递和技术转化等方面存在的差距。因为在一般情况下，式（13.4）～式（13.10）的数值，实际上会综合这些方面的信息，反映这些方面的差距。特别是，两个可比数值明显不同时，更可以推断出在这些方面存在的差距。例如，若式（13.8）的值明显大于式（13.4）的值，即有：

$$\left(\frac{\partial^2 \pi}{\partial {a_2}^2}=\frac{\partial\left(\frac{\partial \pi}{\partial a_2}\right)}{\partial a_2}\right)>\left(\frac{\partial^2 \pi}{\partial {a_1}^2}=\frac{\partial\left(\frac{\partial \pi}{\partial a_1}\right)}{\partial a_1}\right)$$

那么，根据上述分析结果所给出的定义得知，即在该经济体中，两个部门现在所运用的技术，在反身效应上，非农业部门的高于农业。若其他条件不变，这一定意味着，这两个部门的技术，在自身的反应、融合、传递和转化等方面的综合效率上，是存在差距的。

与此相类似，若式（13.6）的值大于式（13.10）的值，即

$$\left\{-\frac{\partial^2\pi}{\partial p_{1I}\,\partial a_1}=-\frac{\partial\left(\dfrac{\partial\pi}{\partial p_{1I}}\right)}{\partial a_1}\right\}>\left\{-\frac{\partial^2\pi}{\partial p_{2I}\,\partial a_2}=-\frac{\partial\left(\dfrac{\partial\pi}{\partial p_{2I}}\right)}{\partial a_2}\right\}$$

这意味着，在吸收和消化同类进口技术方面，农业的效率高于非农业。反之亦然。

若式（13.7）的值不同于式（13.9）的值，即

$$\left\{-\frac{\partial^2\pi}{\partial p_{2I}\,\partial a_1}=-\frac{\partial\left(\dfrac{\partial\pi}{\partial p_{2I}}\right)}{\partial a_1}\right\}\neq\left\{-\frac{\partial^2\pi}{\partial p_{1I}\,\partial a_2}=-\frac{\partial\left(\dfrac{\partial\pi}{\partial p_{1I}}\right)}{\partial a_2}\right\}$$

则意味着，农业与非农业这两个部门现在所运用的技术，在转化对方进口技术方面存在着效率上的差距。

对于两个可比的不同经济体来说，进行同类的对比，情况完全是与上述类似的。不过，在进行这种对比时，或许式（13.5）的作用会突出出来。因为在本经济体内部做上述比较时，这个指标派不上用场，只有在不同经济体之间进行有关对比时，它才起作用。而且，似乎可以认为，这是唯一仅仅用于经济体之间进行对比的测度。例如，对于经济体 E_1 与 E_2，如果存在着

$$\left\{\frac{\partial^2\pi}{\partial a_2\,\partial a_1}=\frac{\partial\left(\dfrac{\partial\pi}{\partial a_2}\right)}{\partial a_1}\right\}_{E_1}\neq\left\{\frac{\partial^2\pi}{\partial a_2\,\partial a_1}=\frac{\partial\left(\dfrac{\partial\pi}{\partial a_2}\right)}{\partial a_1}\right\}_{E_2}$$

那么意味着，这两个经济体的农业与非农业，在部门间进行相互技术转换时，实际能力是存在差距的。这或许是表征两经济体之间在技术上存在差距的重要指标之一。

综合全文所述，主要可以得出这样的结论：（1）正确地运用 G 函数可以对两部门的技术状况进行有效的陈述，可以得出一个简单明了的初始模型；（2）该模型的 Jacobi 向量，根据 Hotelling 引理，

将给出初始描述中所给定的技术的精确定义，解释了 G 函数框架下有关技术能力和技术数量的构成情况；（3）进一步得出的 Hessian 矩阵，解释了原模型中各个因子之间的交叉效应，其中，根据Jacobi向量所定义的内容，可以识别出各个部门现在所运用技术的反身效应，以及所有技术两两之间的交叉效应，从而揭示出技术互动的结构；（4）互动结构可以作为测度，度量出经济体内部或经济体之间，在技术运行效率上存在的差别。其中，在进行不同经济体之间的技术效率对比时，各自两部门现在所运用技术之间的转化效率，或许会成为显示经济体之间技术效率差别的有力标识。另外，似乎还可以设想，结合其他的经济特征指标，这个转化效率或许可以成为解释经济活力和国际市场行为等问题的重要工具。特别是，它可以衡量出各经济体之间在农业技术进步趋势上的差别，并指明这种差别的基本原因，从而，在一定程度上，为进一步地探索技术进步的规律，提供了一个新的起点[10]。

参考文献

［1］Samuelson，P.. Foundations of Economic Analysis［M］. Cambridge，MA：Harvard University Press，1947：22-24.

［2］孙中才. 理论农业经济学［M］. 北京：中国人民大学出版社，1998：29.

［3］Henrichsmeyer，W.. Economic Growth and Agriculture：A Two-Sector Analysis［J］. The German Economic Review，1972（10）：27-41.

［4］孙中才. 农业增长与科学技术投入［J］. 农业技术经济，1995（2）：17-24.

[5] Solow, R.. Technical Change and the Aggregate Production Function [J]. Review of Economics and Statistics, 1957, 39 (3): 312-320.

[6] Kohli, U.. A Symmetric Normalized Quadratic GNP Function and the U. S. Demand for Imports and Supply of Exports [J]. International Economic Review, 1993, 34 (1): 243-255.

[7] 孙中才. *G*函数与经济学的新进展 [J]. 汕头大学学报（人文社会科学版），2006 (6): 20-24.

[8] Harrigan, J.. Technology, Factor Supplies, and International Specialization: Estimating the Neoclassical Model [J]. The American Economic Review, 1997 (87): 475-494.

[9] Debreu, G.. Theory of Value—An Axiomatic Analysis of Economic Equilibrium [M]. J. Wiley and Sons, New York, 1959: 21-23.

[10] 孙中才. 农业经济数理分析 [M]. 北京：中国农业出版社，2006: 30-32.